股市错误定价、产权性质与企业投融资行为

彭　聪◉著

企业管理出版社
EMPH
ENTERPRISE MANAGEMENT PUBLISHING HOUSE

图书在版编目（CIP）数据

股市错误定价、产权性质与企业投融资行为 / 彭聪著. -- 北京 : 企业管理出版社, 2025. 7. -- ISBN 978-7-5164-3284-6

Ⅰ. F832.51

中国国家版本馆CIP数据核字第2025EX9910号

书　　名：股市错误定价、产权性质与企业投融资行为
书　　号：ISBN 978-7-5164-3284-6
作　　者：彭　聪
责任编辑：侯春霞
出版发行：企业管理出版社
经　　销：新华书店
地　　址：北京市海淀区紫竹院南路 17 号　　邮　　编：100048
网　　址：http：//www.emph.cn　　电子信箱：pingyaohouchunxia@163.com
电　　话：编辑部 18501123296　　发行部（010）68417763、（010）68414644
印　　刷：北京厚诚则铭印刷科技有限公司
版　　次：2025 年 7 月第 1 版
印　　次：2025 年 7 月第 1 次印刷
开　　本：710mm × 1000mm　1/16
印　　张：12.75
字　　数：163 千字
定　　价：88.00 元

前言

PREFACE

改革开放以来，中国经济取得了举世瞩目的成就。中国经济的腾飞，在一定程度上得益于资本市场的高速发展。然而，大量研究显示，对于任何一个国家的资本市场而言，错误定价都是一个普遍存在的现象，资产的价格在一定程度上会偏离其真实价值，并直接影响、扭曲资本市场的资源配置功能。对于资本市场仍处于发展阶段的中国而言，资本市场错误定价现象更是得到了学界、业界的广泛关注和研究。在健全多层次资本市场的同时，深入分析股市错误定价对资源配置方式与资源配置效率的影响，对推动中国资本市场与实体经济的发展均具有极为重要的意义。

然而，目前国内系统、完整地研究股市错误定价对企业融资、投资行为的影响，并评估其所带来的经济后果的文献较少，更多研究只是从某些特定的视角，零散地、单独地研究了股市错误定价对企业融资决策或者企业投资决策的影响。众所周知，企业的融资决策与投资决策是相互依存、相互影响的，将企业的融资与投资行为割裂开来进行研究，会在很大程度上影响研究结论的有效性。除此之外，国有经济与民营经济在中国经济的发展中均扮演着重要的角色，然而，国有企业在经营目标、高管特征、金融资源获取能力、决策链条等方面与民营企业存在显著的差异，这也导致了不同产权性质企业的投融资行为对股市错误定价会有不同的反应方式与反应程度。我国正致力于健全多层次资本市场体系，而要想建立与中国经济社会特征相适应的资本市场体系，需要对资本市场的运行方式进行更为深入的剖析。

基于以上原因，本书试图在严格区分产权性质的基础上，系统研究股市错误定价对企业融资、投资行为的影响，以及随之带来的一系列经济后果。本书的主要内容和观点如下。

第1章是本书的导论，介绍了本书的研究背景及意义，阐述了具体的研究内容、研究的创新与贡献。

第2章为文献综述。本章从有效市场假说出发，逐渐延伸至资本市场错误定价，并着重回顾了有关股市错误定价对企业融资、投资行为影响的研究。最后，本章对已有文献进行了简单的评述。

第3章在严格区分产权性质的基础上，研究股市错误定价对企业股权融资行为的影响。在中国资本市场中，上市企业有着明显的股权融资偏好，而股权融资也往往是企业募集大规模资金最为直接、有效的办法。本章在市场择时理论的基础上，通过区分产权性质，研究国有企业与民营企业的股权融资择时行为。研究发现：首先，在股市高涨、股价高估的阶段，中国上市企业的股权融资概率与股权融资规模显著上升；其次，民营企业股权融资行为受股市错误定价影响的程度显著高于国有企业；最后，民营企业更强的融资约束导致了民营企业更强的择时动机，民营企业高管更高的持股数量和股权激励导致了民营企业高管更强的择时激励，具有高新技术企业特征的民营企业具有更强的股权融资依赖。

第4章在第3章研究结论的基础上，通过区分产权性质，进一步研究股市错误定价对企业投资行为的影响。研究发现：首先，在股市高涨、股价高估的阶段，中国上市企业的投资规模显著扩大，且这种现象在民营企业中更为显著；其次，企业投资规模的扩大源自企业更大规模的股权融资；再次，股价高估虽然缓解了企业融资约束、提高了企业融资能力，但导致了民营企业更为严重的过度投资行为，且无益于缓解企业投资不足的问题；最后，民营企业之所以在股价高估的阶段更容易出现过度投资问题，原因在于民营企业高管有着过度投资的潜在激励与实施过度投资的客观条件。

第5章在前两章的基础上进一步研究股市错误定价所导致的经济后果。研究发现：首先，在股价高估阶段参与过度投资的民营企业更可能因此陷入财务困境，且这种原因导致的财务困境具有一定的持续性，民营企业无法在短期内恢复财务健康，而国有企业因过度投资陷入财务困境的概率较低，且能够迅速摆脱财务困境、恢复财务健康；其次，股市错误定价不仅是民营企业过度投资的重要影响因素，还在一定程度上加剧了过度投资的不良后果，在股价迅速下跌的年份，民营企业因前期过度投资而陷入财务困境的概率显著更高；最后，身陷财务困境的民营企业可能会选择出售资产以减轻财务压力，而国有企业的收购行为有助于民营企业顺利渡过难关。

第6章是本书的总结。本章总结了本书的研究结论，并基于研究结论，分别针对民营企业、国有企业与监管机构提出了相应的政策建议。最后，本章还指出了本书的不足与未来可行的研究方向。

本书可能的创新与贡献主要体现在以下五个方面。

第一，已有研究资本市场错误定价对企业行为影响的文献，往往只关注了融资和投资行为中的一个行为。然而，企业的融资决策与投资决策是相互依存、相互影响的，如果将企业的融资决策与投资决策分割开来进行研究，会从根本上影响研究结论的稳健性。本书同时研究了股市错误定价对企业融资与投资行为的影响，深入分析并厘清了二者间的相互作用关系，从而较为全面地揭示了股市错误定价对企业投融资决策的影响，弥补了已有文献的不足。

第二，已有研究资本市场错误定价对企业投融资行为影响的文献，往往只关注了其对企业投融资行为“量”的影响，却忽视了对“质”的研究。本书的研究不仅关注了“量”的影响，即股市错误定价对企业投融资规模的影响，还以其对企业投资效率的影响为切入点，对“质”进行了评估，提出并系统梳理了“增加过度投资机制”与“减少投资不足机制”两种机制在中国资本市场的适用性，从而对股市错误定价对我国资源配置效率的影响进行了较为全面的评估，弥补了已有文献的不足。

第三，已有研究资本市场错误定价对企业投融资行为影响的文献，没有给予产权性质足够的重视。国有企业与民营企业存在显著的差异，这意味着我们不能用一套相同的分析框架来分析股市错误定价对国有企业与民营企业的影响。对不同产权性质的企业而言，股市错误定价对企业投融资决策的影响路径与影响方式均存在显著的差异。充分考虑产权性质的特征有助于更好地理解中国经济社会的运行方式，并评估股市错误定价对中国资本市场的影响。

第四，已有研究不同产权性质企业行为特征的文献，往往只关注了不同产权性质企业在某一个特定行为上的特征差异，而本书在股市错误定价的背景下，系统全面地研究了国有企业与民营企业投融资行为的特征差异，以及在该背景下国有企业与民营企业的互动行为，从而为更好地理解不同产权性质企业的行为特征和我国资本市场的运行规律提供了富有意义的观察。

第五，本书实证检验了国有经济对于我国经济社会平稳健康运行的重要支撑作用。股价高估所带来的更为畅通的股权融资渠道引致了部分民营企业的过度投资与过度扩张行为，且股价的剧烈波动使得民营企业更容易因过度投资而陷入财务困境。当股市低迷、民营企业融资渠道受阻时，国有企业的收购行为有助于民营企业顺利渡过难关，起到了稳定资本市场与实体经济的重要作用。

目录
CONTENTS

1 导论

1.1 研究背景与研究意义

1.1.1 理论背景

资本市场的有效性一直是学界与业界关注的焦点。在半个世纪以前，有效市场假说被金融和经济学家广泛接受，人们普遍认为资本市场反映资产价格的功能是极度有效的，每当有影响资产价值的新信息出现的时候，信息就会以极快的速度传播，并被迅速反映到资产价格之中。然而，就在学界一致推崇有效市场假说的同时，大量基于行为经济学、行为金融学的研究显示，有效市场假说并不总是正确的，现实世界里，资产价格并不总是准确地反映了资产的真实价值，在很多情况下，资产的价格会严重偏离其真实价值，资本市场错误定价的现象十分普遍（Shiller，1980；De Bondt 和 Thaler，1985；De Long 等，1990；Shleifer 和 Vishny，1997），资本市场错误定价也成为一个重要的研究领域。

围绕资本市场错误定价[①]展开的研究是极其丰富的。一方面，大量文献致力于研究资本市场错误定价的成因，例如有限套利理论（Limits

① 股票市场是资本市场的重要组成部分。现有文献中提到的资本市场错误定价多指股票市场错误定价。

Arbitrage）、心理学理论（Psychology）等领域的研究被广泛地应用于解释资本市场错误定价的成因。另一方面，更多的研究则聚焦于资本市场错误定价的经济后果，其中以资本市场错误定价对企业行为影响的研究最为多见。研究结果显示，资本市场错误定价不是一场无关紧要的余兴节目（Morck 等，1990），而会直接影响到企业的融资、投资等一系列行为（Stein，1996；Baker 和 Wurgler，2000）。

首先，资本市场错误定价会直接影响企业的融资行为。1996年，美国学者Stein教授在其论文*Rational Capital Budgeting in an Irrational World*中提出了市场择时假说（Market Timing Hypothesis），文章讨论了存在资本市场错误定价时（即在非理性资本市场中）理性企业管理者的融资行为。研究指出，当企业股价存在高估的时候，理性的经理人会选择发行更多的股票，将股票以高于其真实价值的价格出售给外部投资者，并为企业现有的股东谋求经济利益；相应地，当企业股价存在低估的时候，理性的经理人更倾向于进行股权回购。Baker 等（2003）在Stein教授的基础上进一步引入了企业的融资约束特征，具体而言，股价高估有助于缓解企业的融资约束，面临融资约束的企业也更可能在股价高估的阶段进行股权融资。资本市场错误定价影响企业融资行为最为直接的证据来自Graham 和 Harvey（2001）的研究，其通过匿名访问的方式采访了数百家上市企业的首席财务官（CFO），其中超过三分之二的受访者表示，股票的估值水平与资本市场错误定价程度是影响企业股权融资的重要因素，且其重要程度远远高于其他几项影响因素。除了影响企业的股权融资决策之外，资本市场错误定价还广泛地影响着企业的其他融资决策，如债务融资、资本结构调整等。

其次，资本市场错误定价会直接影响企业的投资行为。资本市场错误定价影响企业投资行为的途径主要有两条。迎合理论（Catering Theory）指出，理性的企业经理人会参与有助于推高股价的经营活动，当投资者偏好某一类投资项目的时候，为了迎合投资者情绪、拉升股价，企业经理人会更多地参与该类项目的投资。而资本市场错误定价对企业投资行为最为直接的影响路径依然是通过融资渠道传导。Baker 等（2003）将托宾Q值作为度量股票错误定价程度的指标，并用于研究股市错误定价对企业投资行为的影响。研究指出，股价高估推动了企业的投资行为，这源于股价高估时期更为畅通的股权融资渠道，且这种现象在面临融资约束的企业中更为普遍。Campello 和 Graham（2013）在Baker等人研究的基础上，通过市账比分解的办法，将市账比分解为度量股票错误定价程度的指标与度量企业真实成长机会的指标，研究发现，在美国互联网泡沫时期，与互联网行业不存在直接业务关联、基本面没有实质性变化的其他行业企业，同样存在严重的股价高估问题，且这些企业在该时期参与了更多的投资交易。

总体来看，资本市场错误定价现象的普遍存在已经得到了学界、业界的广泛认可，大量研究也证实了资本市场错误定价对企业融资、投资行为的影响。然而，已有研究多数集中在股市错误定价对企业投融资行为"量"的影响上，即对投融资规模的影响，忽视了对"质"的研究，即对投融资效率的影响。虽然从直觉上来说，股市错误定价扭曲了价格机制，会降低资源配置的效率，但也有研究显示，股市错误定价有助于加速核心产业的转型与升级，甚至会提高资源配置效率（Titman，2013；陆蓉等，2017）。因此，股市错误定价对企业投融资效率的影响究竟如何，这一问题仍需要进一步的解答。

除此之外，该领域的研究更多地针对西方国家的资本市场，对于其他国家资本市场的研究较为有限。在接下来的部分，本书将结合中国资本市场的发展现状，进一步阐述研究我国资本市场错误定价对企业融资、投资行为影响的重要意义。

1.1.2 现实背景

（1）股市错误定价的存在

改革开放以来，我国经济实现了举世瞩目的高速增长。在大力发展经济的同时，我国也敏锐地认识到了发展资本市场的重要性，建立健全资本市场的工作一直在稳步有序的推进之中。我国于20世纪90年代先后成立了上海证券交易所与深圳证券交易所，希望以健全的证券交易体系助力实体经济发展。时至今日，我国的证券交易体系已经得到了长足的发展，但是，相较于健康高效、功能完备的多层次资本市场体系而言，仍然具有一定差距，资本市场定价效率不高、股市错误定价等问题依然存在。

首先，交易机制的不健全，制约了资本市场反映资产价值的能力。例如，中国股市目前尚未建立完善的做空机制。做空机制是反映股票负面信息的一个重要途径，在缺乏做空机制的证券市场中，与企业价值有关的负面信息无法得到充分的反映，资产价格更可能存在高估的现象。其次，中国股市的参与者构成与西方发达资本市场有着显著的差异。在西方发达资本市场中，投资者往往将资金委托给专业的机构投资者，并由机构投资者代为交易，而在中国，股市的主力军为散户。中国证券投资者保护基金有限责任公司发布的《全国股票市场投资者状况调查报告》显示，截至2018年8月底，我国股票投资者数量为1.42亿，其中自然人投资者占比为99.77%，且近七成的自然人投资者属于新手或仅具备基础的投资知识。相较于机构投资者而言，散户在甄别信息、评估企业价值等方面的能力较弱，更容易进行非理性的交易操作，这进一步增加了我国股市错误定价的可能性。最后，对于证券市场违法违规行为的惩处力度仍有待加强，上市企业大股东操纵股价的行为时有发生，并在一定程度上提高了错误定价的可能性。

通过对我国股指走势的分析与梳理可以发现，同世界各大主要股票市场相类似，股市错误定价的现象在我国同样存在。自上海和深圳证券交易所成立以来，我国股市已经经历了多轮的牛市和熊市，而且在很多情况下，基本面的变化无法完全解释股市的大幅度波动，即便基本面存在一定的变动，股市的反应程度也远远高于基本面的变化程度。中国股市可能存在的资产错误定价现象，为研究资本市场错误定价对企业融资、投资行为的影响提供了一个契机。

（2）产权性质的影响

除了中国股市可能存在的资产错误定价之外，我国国有经济与民营经济相辅相成、相得益彰的发展特征，也使得在区分产权性质的基础上，深入研究股市错误定价对企业行为的影响显得尤其重要。

产权性质是企业的一个重要的基本属性。根据产权性质，我们可以将企业分为国有企业与民营企业。不同产权性质的企业存在方方面面的差异。

如果说民营企业的经营目标是企业价值最大化与股东价值最大化，那么国有企业则兼具多方面的职能，国有企业不仅关注企业自身的价值，还需要关注宏观经济稳定、地方经济发展、居民就业等一系列非经济目标。经营目标的差异可能会导致不同产权性质企业对股市错误定价的不同反应方式与反应程度。

除了经营目标的差异之外，国有企业的高管特征也可能与民营企业存在显著的差异。高管是决定企业如何应对股市错误定价的重要决策者，其偏好、背景特征的差异，都会导致企业对股市错误定价的不同反应方式与反应程度。

股市错误定价是影响企业金融资源获取的重要外部环境因素。目前，金融资源在国有企业与民营企业中的分配存在一定的差异，金融资源更倾向于流向国有企业，民营企业更可能出现融资约束等现象，这也使得二者对股市错误定价可能有着不同的反应方式与反应程度。

错误定价虽然普遍存在于股票市场之中，但也是转瞬即逝的，要想把握牛市的机会调整企业策略，要求企业拥有较快的决策速度与较高的决策效率。国有企业决策链条长、决策周期长的特征可能使其难以对短期内的股市错误定价做出迅速、有效的反应。

综上所述，国有企业在经营目标、高管特征、金融资源获取能力以及决策链条等方面与民营企业存在显著的差异，这均可能导致国有企业与民营企业投融资行为对股市错误定价的不同反应方式与反应程度。在这里，本书从国有企业与民营企业的特征差异入手，简单分析在股市错误定价对企业投融资决策的影响中，产权性质可能起到的关键作用。在第3章到第5章中，本书将针对具体的研究问题，对产权性质的作用进行更为深入的阐述与研究。

具体到股市错误定价对企业股权融资行为的影响，我们认为不同产权性质的企业可能有着不同的反应方式。首先，相较于国有企业而言，民营企业的融资约束更严重、融资能力较弱，股价高估提供了更为有利的股权融资环境，民营企业在股价高估阶段参与股权融资的动机更强。其次，相较于国有企业高管而言，民营企业高管的持股数量更多，在股价高估阶段发行股票能够为企业现有股东与高管带来较大的财富收益，民营企业高管在股价高估阶段参与股权融资的激励更强。最后，相较于国有企业而言，民营企业更多分布在高新技术行业，高新技术企业具有信息不对称程度高、抵押物少、现金流不稳定等特征，这意味着高新技术企业的股权融资依赖程度更高，民营企业的股权融资行为对股市错误定价也可能有着更为显著的反应。

具体到股市错误定价对企业投资行为的影响，我们认为不同产权性质的企业同样可能有着不同的反应方式。首先，股价高估可以通过“减少投资不足机制”增加企业投资规模，且这种机制在民营企业样本中的效果可能更为显著。股价高估带来的融资便利有助于提升企业融资能力、缓解企业融资约束，并帮助面临融资约束的企业实现更多有价值的投资项目，进而增加企业投资规模。国有企业的投资项目往往不缺乏资金来源，而民营企业的融资约束较国有企业而言更为严重，更可能存在因融资约束而无法实施的有价值的投资项目，“减少投资不足机制”对民营企业投资决策的影响可能更为显著。其次，股价高估可以通过“增加过度投资机制”增加企业投资规模，且这种机制在民营企业样本中的效果可能同样更为显著。股价高估、股市高涨不仅能够帮助企业募集常规投资所需的资金，还可能使企业募集到超过最优投资规模的资金。民营企业高管有动机通过过度投资的方式迅速扩大企业规模，进而为自己带来更高的社会地位、更高的薪酬水平，而国有企业的投资决策在很多情况下需要与国家、地方经济发展战略相契合，且大规模的投资项目需要经各级政府的审批，因此，“增加过度投资机制”对民营企业投资决策的影响可能更为显著。最后，对股市错误定价过度反应、参与过度投资的民营企业更可能陷入财务困境，而国有企业的收购行为则有助于民营企业渡过难关。股市的波动显著影响着民营企业的投融资行为，民营企业更可能在股价高估阶段采取激进的投融资扩张行为，然而，股市一旦走弱，外部融资难度上升的民营企业极有可能因前期的过度投资而陷入严重的财务困境。国有企业对处于财务困境中的民营企业的帮助与收购，缓解了民营企业的财务压力，避免了民营企业的破产，进而为稳定就业与经济社会的平稳发展提供了重要的支撑。

综上所述，仍处于发展阶段的中国资本市场可能存在股票错误定价的现象，股市错误定价对我国上市企业投融资行为的影响可能更为深远和广泛，加之我国国有经济与民营经济相辅相成、相得益彰的发展态势，在严格区分产权性质的基础上，研究股市错误定价对企业投融资行为的影响，有助于更为全面地评估股市错误定价对中国经济的影响。

1.1.3 研究意义

资本市场存在错误定价已经成为学术界普遍接受的观点，该问题也得到了学者的广泛研究。大量研究显示，资本市场错误定价直接影响着企业的融资、投资行为。本书立足于我国经济社会与资本市场发展实际，在严格区分产权性质的基础上，研究股市错误定价对国有企业与民营企业融资、投资行为的影响。在分析了股市错误定价对企业融资、投资行为“量”的影响的基础之上，进一步分析其对企业融资、投资行为“质”的影响，即股市错误定价是否有助于提升企业的投融资效率。最后，本书还在股市错误定价这一背景下，发现了国有企业稳定经济社会发展的重要路径。本书的研究提供了来自中国资本市场的有益观察，丰富了资本市场错误定价领域的研究。因此，本书的研究工作具有一定的理论价值和现实意义。

第一，已有研究资本市场错误定价对企业行为影响的文献，多数针对西方发达国家资本市场，对于其他国家资本市场的关注度不够。正如前文分析的那样，相较于发达国家资本市场而言，发展中国家资本市场的定价效率较低，出现资产错误定价的可能性更高，因此，有必要进行单独的研究。

第二，已有研究资本市场错误定价对企业行为影响的文献，往往只关注了融资和投资行为中的一个行为，或者只关注了“量”和“质”中的一个方面，本书将股市错误定价对企业融资和投资行为的影响、对“量”和“质”的影响整合为一份完整的研究，从而更为全面地评估了股市错误定价对资源配置方式与资源配置效率的影响。

第三，我国正致力于健全多层次资本市场体系，而要想建立与中国经济社会相适应的资本市场体系，需要立足中国实际。本书结合中国经济社会发展实际，系统研究了股市错误定价对中国上市企业投融资行为的影响，从而更为全面地刻画了中国资本市场的运行方式与运行机制，为健全多层次资本市场体系提供了极具意义的观察。

1.2 研究内容与结构安排

本书在严格区分产权性质的基础上，结合中国资本市场发展实际，研究股市错误定价对企业融资、投资行为的影响。本书不仅在“量”上关注股市错误定价对不同产权性质企业融资、投资规模的影响，还从“质”上评估其对资源配置效率的影响。图1–1是本书的逻辑结构。

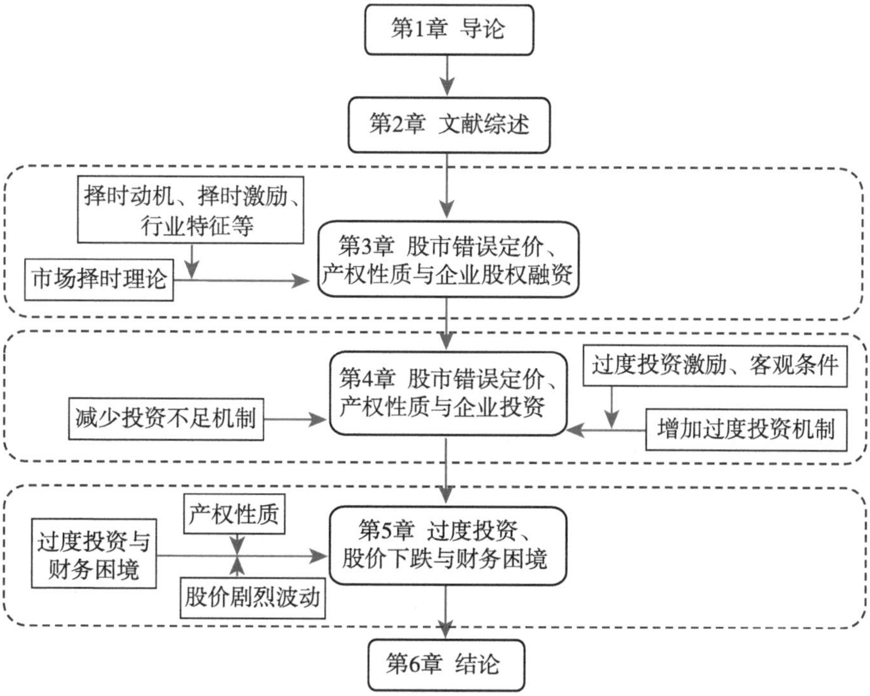

图1–1 本书的逻辑结构

下面分章介绍本书的具体研究内容。

第1章是本书的导论，依次介绍了本书的研究背景、研究意义，阐述了各章的研究内容与行文路线，并对本研究的贡献做了简单总结。

第2章为文献综述。本章从有效市场假说出发，逐渐延伸至资本市场错误定价，并着重回顾了有关股市错误定价对企业融资、投资行为影响的研究。最后，本章对已有文献进行了简单的评述。

第3章在严格区分产权性质的基础上，研究股市错误定价对企业股权融资行为的影响。在中国资本市场中，上市企业有着明显的股权融资偏好，股权融资也往往是上市企业募集大规模资金的常用办法。本章以市场择时理论为理论基础，通过区分产权性质，研究股市错误定价对国有企业与民营企业股权融资行为的影响。按照市场择时理论的逻辑，企业倾向于在股价高估阶段参与更多的股权融资，但这一理论在国有企业与民营企业中的适用性可能存在差异。首先，民营企业的融资约束更强，民营企业在股价高估、融资约束缓解的阶段参与股权融资的择时动机更强；其次，民营企业高管受到的股权激励较高，在股价高估阶段进行股权融资不仅能够为企业带来经济效益，还会直接提高高管的财富水平，因而民营企业高管的择时激励更强；最后，民营企业更多分布在高新技术行业，而高新技术企业往往有着更强的股权融资依赖。该部分的研究证实了股市错误定价对国有企业与民营企业股权融资行为的不同影响，并对造成这一差异的原因进行了详细的论述与检验。

第4章在第3章研究结论的基础上，进一步研究股市错误定价对企业投资行为的影响。第3章的研究已经指出，股市错误定价直接影响国有企业与民营企业的股权融资行为，二者均倾向于在股价高估阶段参与更多的股权融资，且这一现象在民营企业中更为显著。股权融资所募集到的大规模资金可以用于企业投资，然而，其对企业投资效率的影响并不确定。一方面，充足的资金可以缓解企业的融资约束，帮助企业实现更多有价值的投资项目，这有助于提升企业的投资效率，我们称这种机制为“减少投资不足机制”；另一方面，过量的资金可能被用于投资无价值的投资项目，并表现为过度投资的问题，这反而降低了企业的投资效率，我们称这种机制为“增加过度投资机制”。除此之外，两种作用机制在国有企业与民营企业样本中的解释力度有所不同。该部分实证检验了股市错误定价对国有企业与民营企业投资行为、投资效率的影响，并深入分析了二者间的差异以及造成这一差异的原因。

第5章在前两章的基础上进一步研究股市错误定价所导致的经济后果。基于对现实的观察可以发现，部分民营企业激进的投资策略可能会使民营企业陷入财务困境，而国有企业的收购则有助于民营企业渡过难关。那么，股市的剧烈波动是否会使这一类现象增多？一方面，前面章节的研究已经证实，股市错误定价（股价高估）会引发民营企业的过度投资问题；另一方面，企业投资往往是一个长期、持续的过程，企业在股价高位易于获得融资并进行投资，但一旦股市走弱，企业将难以获得持续的资金支持，更可能因为前期的过度投资而陷入严重的财务困境，而国有企业的收购行为则发挥了帮助民营企业渡过难关、稳定资本市场与经济社会的重要作用。该部分在前两章的基础上，对上述猜想进行了实证检验。

第6章是本书的总结。本章总结了本书的研究结论，并基于研究结论，分别针对民营企业、国有企业与监管机构提出了相应的政策建议。最后，本章还指出了本书的不足与未来可行的研究方向。

1.3 研究创新与贡献

本书借鉴已有的资本市场错误定价领域的文献，结合我国资本市场特征，在区分产权性质的基础上，从“量”与“质”两个方面探讨了股市错误定价对国有企业与民营企业融资、投资行为的影响，并评估了股市错误定价对我国资本市场资源配置效率的影响。除此之外，本书还发现股价高估所引发的民营企业过度投资使得民营企业更易于陷入财务困境，而国有企业的收购行为发挥了稳定资本市场与经济环境的重要作用。总的看来，本书的研究具有以下几点创新与贡献。

第一，已有研究资本市场错误定价对企业行为影响的文献，往往只关注了融资和投资行为中的一个行为。然而，企业的融资决策与投资决策是相互依存、相互影响的。一方面，企业的融资决策会影响企业可用于投资的资金存量，进而影响企业的投资决策；另一方面，企业的投资决策会影响企业的融资决策，企业有什么样的投资项目会决定企业的融资需求，如用什么方式融资、融资规模如何等。如果将企业的融资决策与投资决策分割开来，研究股市错误定价对企业行为的影响，会从根本上影响研究结论的稳健性。本书的研究首先在控制企业投资机会（成长机会）的前提下探讨了股市错误定价对企业融资决策的影响，并在研究结论的基础上，进一步研究股市错误定价对企业投资决策的影响，从而较为全面地揭示了股市错误定价对企业投融资决策的影响，弥补了已有文献的不足。

第二，已有研究股市错误定价对企业投融资行为影响的文献，往往只关注了其对企业投融资行为“量”的影响，却忽视了对“质”的研究。即只关注了股市错误定价对企业融资、投资规模的影响，却没有分析其如何影响企业投融资效率，又对资源配置效率有着怎样的影响。本书在研究股市错误定价对企业投融资行为“量”的影响的基础之上，进一步研究了其对企业投资效率的影响。在研究中，本书提出股价高估可以通过“减少投资不足机制”与“增加过度投资机制”两种渠道增加企业投资规模，但两种机制对企业投资效率的影响截然相反。本书评估了两种机制对国有、民营上市企业的影响程度，从而评估了股市错误定价对资源配置效率的影响，弥补了已有文献的不足。

第三，已有研究资本市场错误定价对企业投融资行为影响的文献，没有给予产权性质足够的重视。正如前文分析的那样，国有企业在经营目标、高管特征、决策链条、金融资源获取能力等方面显著区别于民营企业，我们不能用一套相同的分析框架来分析股市错误定价对国有企业与民营企业的影响。当具体到股市错误定价对企业融资、投资行为的影响这一问题时，产权性质的特征差异更是发挥了关键的作用。对不同产权性质的企业而言，股市错误定价对企业投融资决策的影响路径与影响方式均存在显著的差异。本书在充分考虑产权性质的基础上研究了股市错误定价对企业投融资决策的影响，从而更为准确地评估了股市错误定价在中国资本市场中的影响，有助于更好地理解我国资本市场的运行方式。

第四，已有研究不同产权性质企业行为特征的文献，往往只关注了不同产权性质企业在某一个特定行为上的特征差异，而本书在股市错误定价的背景下，系统全面地研究了国有企业与民营企业投融资行为的特征差异，以及在该背景下国有企业与民营企业的互动行为，从而为理解不同产权性质企业的行为特征和中国资本市场的运行规律提供了富有意义的观察。

第五，本书实证检验了国有经济对于中国经济社会平稳健康发展的重要意义。股价高估所带来的更为畅通的股权融资渠道引致了部分民营企业的过度投资与过度扩张行为，且股价的剧烈波动使得民营企业更容易因过度投资而陷入财务困境。当股市低迷、民营企业融资渠道受阻时，国有企业的收购行为发挥了稳定资本市场与实体经济的重要作用。

综上所述，基于中国的经济社会和资本市场发展实际，研究股市错误定价对企业投融资行为的影响，有助于进一步厘清中国资本市场的运行方式与运行机制，从而为健全多层次资本市场体系提供富有意义的观察。

2 文献综述

本章将从五个方面对相关领域的文献进行回顾与梳理。第1节将回顾与有效市场假说有关的文献，探讨有效市场假说的内涵；第2节将讨论对有效市场假说形成有力挑战的市场异象；第3节将着重讨论行为金融与资本市场错误定价，具体而言，本节将简单回顾资本市场错误定价的潜在成因；第4节将讨论股市错误定价对企业融资行为的影响；第5节将讨论股市错误定价对企业投资行为的影响。不难发现，本章所采用的顺序与相关领域的理论发展脉络有着极高的契合度，即首先提出有效市场假说，随后发现有悖于有效市场假说的市场异象，进而衍生出行为金融与资本市场错误定价领域的研究，最后对资本市场错误定价的经济后果进行深入研究。

2.1 有效市场假说

Fama（1970）在其开创性研究中提出了有效市场假说（Efficient Markets Hypothesis，EMH），并对有效市场假说进行了这样的阐释：证券价格总是正确、及时地反映了一切影响企业价值的信息，证券的价格总是等于资产的真实价值，即预期未来现金流的贴现值。有效市场假说凭借其独特的理论内涵，自出现以来便得到了学界与业界的广泛关注。一方面，学界就有效市场假说的解释力与有效性进行了大量深入的探讨与研究；另一方面，业界也将有效市场假说及与之相关的理论作为指导市场交易的重要基础。有效市场假说已经成为现代金融理论的一块重要基石，而对有效市场假说的检验与运用仍然在广泛地开展着。

有效市场假说指出，市场可以迅速吸收所有影响企业价值的信息，并将信息迅速、准确地反映到资产价格中，因此，资产价格总是等于其内在价值，即预期未来现金流的贴现值。然而，Fama等学者也观察到，资本市场中的信息不能一概而论，有的信息对资产价格的影响较快，而有的信息对资产价格的影响相对较慢。根据资本市场对不同类型信息的反应速度，Fama（1970）进一步对信息进行了分类，分别是过去的价格信息、公开的新信息以及私有的新信息。相应地，也划分出三种不同程度的有效市场。

（1）弱型有效市场（Weak-form Efficiency）

如果股价完全包含了资产过去的价格信息，则可以认为资本市场满足了弱型效率假说，资本市场是弱型有效的。在弱型有效市场中，投资者无法通过分析股票过去价格的走势来预测股市未来的走势，基于资产历史价格走势与其他历史数据的技术分析，不能够为投资者带来持续的超额收益。其原因在于，不同时间点的股价走势是相互独立的，股价的走势不会具有某种特定的路径与模式。然而，在弱型有效市场中，某些基本面的分析依然能够为投资者带来持续的超额收益。

（2）半强型有效市场（Semi-strong-form Efficiency）

在弱型有效市场中，资产过去的价格信息已经被完全反映到资产的当期价格之中，且基于历史股价与其他历史数据的技术分析不能够为投资者带来持续的超额收益。半强型有效市场在弱型有效市场的基础上进一步假设，所有公开的新信息也会被迅速、无偏地反映到资产价格之中，在这种情况下，不仅是技术分析，基本面分析也不能为投资者带来持续的超额收益。

（3）强型有效市场（Strong-form Efficiency）

弱型有效市场与半强型有效市场分别假设历史价格信息与公开的新信息已经被反映到资产价格之中。强型有效市场在弱型有效市场与半强型有效市场的基础上进一步假设，所有的信息都被迅速、准确地反映到资产价格之中，甚至包括私有信息。在强型有效市场中，任何投资者都不可能基于任何信息持续地获得超额收益。

2.2 市场异象——对有效市场假说的挑战

有效市场假说一经提出，就被学界、业界广泛接受，大家充分认可了资本市场反映资产价格信息的功能。当新信息出现的时候，信息会以极快的速度进行传播，资产价格会同时根据信息进行调整，并迅速回归到资产的真实价值。在有效的资本市场中，无论是基于历史股价与其他历史数据的技术分析，还是通过分析金融信息来寻求股价低估股票的基本面分析，都不能够给投资者带来持续的超额收益。在有效市场假说的条件下，信息的流动是畅通无阻的，信息被迅速反映到资产价格之中，任何一个时点的价格变动只反映当期的新信息，且与过去的信息与股价走势相独立，股价的变化呈现出随机游走的态势。然而，随着计算机与统计软件的发展，越来越多实证检验的结果与有效市场假说的预测相违背，甚至形成了对有效市场假说的挑战，本节将对这一部分文献进行回顾。

2.2.1 股价非随机游走

（1）短期动量

有效市场假说条件下的股价应该呈现出随机游走的态势，即不同时期的股价波动是相互独立、不存在相关性的。然而，大量文献的研究结果对这一基本推论形成了挑战。Lo 和 MacKinlay（1999）的研究发现，股价短期内的序列相关系数不为0，且股价的变动往往呈现出连续的同向波动，股价的走势并不遵循随机游走的方式，而是存在明显的短期动量。行为金融学家对股票市场的短期动量提出了两种不同的解释。部分金融学家认为，股票的短期动量来自从众效应，当投资者观察到股价上涨的时候，他们更容易被该股票吸引，并投资该股票。诺贝尔经济学奖得主Shiller（2000）将美国20世纪90年代的股市泡沫归因于这种非理性的从众心理，他认为，投资者之间的心理感染最终造成了美国资本市场的非理性繁荣。对于资本市场股价短期动量的另一种解释是市场的反应不足。市场不能够对新的信息做出及时准确的反应，且往往存在反应不足的现象，在这种情况下，新信息需要一定的时间才能被逐渐反映到股价之中，因而出现了股价的短期动量。

然而，股票市场的短期动量现象并不足以否定有效市场假说。虽然股票价格走势存在着短期动量，意味着资产价格的走势不遵循随机游走的方式，但是统计意义上的显著并不意味着经济意义上的显著。已有研究表明，股价短期动量虽然在统计意义上高度显著，但从经济意义来看，它并不能够给投资者带来超额收益。Odean（1999）的研究指出，由于存在市场交易成本，采取动量策略的投资者并不能够从交易中获得超额收益。此外，即便是在不考虑交易成本的情况下，动量策略也不能够为投资者带来持续的超额收益。研究发现，购买具有正向序列相关性的股票的交易策略，在20世纪末期给投资者带来了正向的超额收益，而在21世纪却给投资者带来了负向的超额收益。在不同的时期，动量交易策略有着不同的适用性。

（2）长期收益反转

在刻画短期动量的时候，经济学家往往以几天或者几周为时间单位。而当我们选用更长的时间窗口进行研究的时候便会发现，股价可能存在负向的序列相关性，即从长期来看，收益存在反转的可能。Poterba和Summers（1988）在研究了1871—1986年的美国资本市场和1957—1985年的其他17个资本市场后指出，个股的收益在短期内呈现出正向的序列相关性，而从长期来看，则呈现出负向的序列相关性。行为经济学家主要将收益反转与均值回归归因于投资者对信息的过度反应。当出现关于资产的新信息的时候，投资者往往会对信息做出过度的反应，在随后的时间内，市场会慢慢吸收信息的真实价值，并使得股价恢复到正常的水平，因此，从长期来看，股价可能呈现出收益反转与均值回归的现象。De Bondt 和 Thaler（1985）的研究指出，投资者的情绪是导致过度反应的重要原因，当面临利好的时候，投资者可能表现出过度乐观的情绪，这使得股价出现过度的正向波动，而当面临利空的时候，投资者可能表现出过度悲观的情绪，这使得股价出现过度的负向波动。

收益反转与均值回归的现象虽然在多个国家的资本市场都得到了检验与验证，但利用收益反转与均值回归获利的可能性依然较低。Fluck 等（1997）研究了20世纪80年代至90年代的股市数据，结果显示，在过去三至五年内表现较差的股票在未来的几年内有着较高的收益率，而在过去三至五年内表现较好的股票在未来的几年内有着较低的收益率。然而，在接下来的一段时间内，这两类资产的收益率不存在显著的差异，因此他们指出，投资者很难利用收益反转与均值回归获得持续的超额收益。

（3）日历效应

大量的研究发现，在某些特定的日期内，股价的走势可能表现出显著区别于其他日期的特征。Thaler（1987）的研究发现，一月份的股票收益率显著区别于其他月份，在新年的头两个星期内，等权重股票指数的收益率显著高于一年内的其他时期，且这种现象在小市值股票中尤其显著（Keim，1983）。在同一个星期的不同天数内，资本市场也可能表现出某些特定的特征。French（1980）的研究指出，星期一的股票收益率显著高于一星期内的其他天数，具体而言，星期一的预期回报约为一周内其他天数的三倍。

资本市场在特定日期内表现出来的特征虽然持续地存在着，但资本市场存在的交易成本同样使得投资者难以利用这些特征获得持续的超额收益。

2.2.2 股价可预测性

大量实证文献指出，企业层面的价值参数有助于预测股票的未来收益率，而有效市场假说则指出，股价已经反映了一切影响企业价值的信息，基于任何数据的分析都无法预测股票未来的走势与收益率。

（1）红利回报率与市盈率

Fama 和 French（1988）的研究指出，红利回报率（红利除以股票价格）有助于预测股票未来的收益率，当期股指的红利回报率越高，下一期股指的收益率也相应更高。除了红利回报率之外，市盈率同样有助于预测股票的收益率（Campbell 和 Shiller，1998）。然而，无论是红利回报率还是市盈率对股票未来收益率的预测能力，都不能成为攻击有效市场假说的直接证据，投资者往往难以通过上述两个指标持续地获得超额收益。以红利回报率为例，一方面，红利回报率与市场利率往往呈现出较高的同步性，红利回报率对股票预期收益率的预测能力可能仅仅反映了股票市场对经济形势的调整；另一方面，红利回报率对股票收益率的预测能力并非在任何时期都是有效的，且随着上市企业在不同时期对股利政策的调整，想根据这一指标获得持续的超额收益会变得更加困难。

（2）规模效应

已有研究显示，上市企业规模与收益之间有着显著的关系。Keim（1983）的研究发现，从1926年起，美国小规模上市企业获得的收益率比大规模上市企业获得的收益率每年高出一个百分点。虽然小市值股票的历史收益率显著高于高市值股票的历史收益率，但这并不意味着投资者可以利用这种统计结果获得持续的超额收益。一方面，资产规模的大小可能是资产风险的一个代理变量。资产规模较大的企业，其相应的风险较小，而资产规模较小的企业，其相应的风险较高。小市值企业的收益率之所以高于高市值企业的收益率，可能仅仅是对小市值企业的风险补偿。另一方面，幸存者偏差也可能导致观察到小市值企业与高市值企业间的收益差距。小市值企业的风险较高，部分小市值企业在经营过程中破产或者退市，只有经营状况较好的小市值企业进入了研究的样本，幸存者偏差可能进一步加剧了统计数据的差异。

（3）价值股

大量的实证研究显示，价值股（Value Stock）的回报率显著高于成长股（Growth Stock）。Ball（1978）的研究指出，具有较低市盈率的股票的回报率显著优于具有较高市盈率的股票的回报率。除了市盈率之外，市账比也被证实有助于预测股票未来的盈利能力，并且这种现象在美国市场和很多其他国家的股票市场中均存在。对于价值股与成长股之间的收益率差异，行为金融学家认为投资者的过度自信是一个很好的解释。过度自信的投资者往往会高估自己评估资产价值的能力，他们会为成长股支付过高的价格，这导致了成长股后期的不佳表现。

2.3 资本市场错误定价的成因

在有效市场假说的条件下，任何有关资产价值的信息总是被迅速、准确地反映到了资产价格中，资产价格总是等于资产的内在价值，即预期未来现金流的贴现值。然而，正如前文所分析的那样，大量实证研究的结果表明，资本市场并非总是有效的，资产价格也并非总是准确地反映了资产的真实价值，在很多情况下，资产价格会偏离其真实价值，资本市场错误定价也因此得到了业界、学界的广泛关注。一方面，对资本市场错误定价的研究有助于理解资本市场的运行机制，识别有效市场假说的适用范围与适用情况；另一方面，资本市场错误定价会直接或间接地影响资本市场参与者的经济行为，进而影响资本市场的资源配置效率。在本节中，我们将简单回顾资本市场错误定价的成因，在随后的章节中，我们将着重分析资本市场错误定价对企业融资、投资行为的影响。

2.3.1 有限套利理论

有效市场假说假设经济个体是理性的，且资本市场是无摩擦的，在这种情况下，资产的价格等于其真实价值，即预期未来现金流的贴现值。即便市场中存在非理性的参与者，理性的参与者也可以维持资本市场的有效性，消除资本市场的错误定价。例如，A公司股票的真实价值为100元，但当前市场价格仅为50元，在这种情况下，理性投资者会以50元的价格购入价值100元的股票，并在股价逐渐恢复到100元的过程中获得收益。

然而，对于资本市场的实证检验表明，错误定价往往以普遍且持续的方式存在于各个资本市场之中，即便是公认的资本市场错误定价，也难以在短期内被消除。在这里，我们将简单回顾一些可能抑制理性投资者套利行为的因素。

（1）基本风险

以50元的价格买入价值100元的A公司股票，似乎能够为理性投资者带来无风险的超额收益，然而，采用这一交易策略获利需要一定的时间，在这期间内的潜在风险可能会导致公司股价的进一步下跌。例如，新产品研发失败、国际贸易形势恶化等。这些风险的存在，都有可能使套利具有极高的风险，进而导致错误定价持续存在。

（2）噪声交易者的存在

Kyle（1985）在文章中第一次提出了噪声交易者的概念（Noise Trader）。Black（1986）在Kyle的基础上，进一步将噪声交易者定义为无法明确获得信息，并且非理性地把噪声当作信息进行交易的投资者。De Long 等（1990）、Shleifer 和 Vishny（1997）的研究指出，噪声交易者会根据资本市场的错误定价错误地获取信息，并加剧错误定价的程度。即便A公司的真实价值为100元，且现在50元的价格已经远远低于其真实价值了，但噪声交易者的存在使得股价仍有进一步下跌的可能性，而并非一定会迅速恢复到其真实价值。

（3）执行成本

除了基本风险和噪声交易者对理性投资者套利行为的限制之外，执行套利策略还存在其他直接的执行成本，这些成本都会降低套利策略的盈利能力，进而造成有限套利。例如，普遍存在的交易费用会直接影响套利策略的可行性，对于程度较低的错误定价，交易费用甚至高于套利可以实现的潜在收益，在这种情况下，套利交易将难以实施。

2.3.2 心理学理论

有限套利理论指出，即便是理性投资者，在面临资本市场错误定价的时候也可能无法执行有效的套利策略。资本市场中存在的其他因素可能使得他们无法采取套利策略获得无风险的超额收益，这也使得错误定价难以被立即消除。除了有限套利之外，行为金融学家还从心理学的角度探讨了非理性的根源。

已有研究表明，过度自信等特征会影响投资者的交易行为。例如，Fischhoff 等（1977）的研究指出，人们对概率的判断往往表现出过度自信的特征。他的实验结果显示，实验参与者认为必定会发生的事情，最终发生的概率只有80%，实验参与者认为必定不会发生的事情，最终发生的概率却有20%。投资者在判断中普遍存在的过度自信，会让他们错误地评估资产的真实价值。例如，对于一个可能的利好消息，过度自信的投资者可能会高估这个消息的真实价值，并选择在高于真实价值的价格上购买该资产的股票，从而进一步加剧资产错误定价的程度。此外，还有大量基于行为金融学展开的研究都证实了过度自信对投资者行为的影响，并为股市错误定价提供了全新的解释。

2.4 股市错误定价与企业融资决策

在有效市场假说的条件下，资本市场的价格总是能够准确反映一切有关资产价值的信息，资产价格总是等于资产的真实价值，即便存在资产错误定价，理性投资者也会通过套利策略等行为，消除资本市场中的错误定价，使得资产价格回归到资产的真实价值。资本市场错误定价作为评估资本市场有效性的一个重要指标，得到了经济学家、金融学家的广泛关注。较高的资本市场有效性意味着更少、更低程度的资产错误定价，同理，更少、更低程度的资产错误定价也证明了资本市场的有效性。然而，对资本市场错误定价进行研究的意义不仅仅局限于评估资本市场的有效性，大量研究指出，资本市场错误定价会直接影响微观经济参与者的决策，并最终对行业，甚至一国经济产生巨大的影响。

一方面，资产价格能够在一定程度上反映资源的稀缺程度，有效的资本市场和准确的资产价格能够将稀缺的资源合理地配置到相应的部门与行业，实现对资源的充分利用。而资本市场错误定价会直接扭曲价格机制对资源配置的作用，降低资源配置效率，在严重的情况下，甚至会造成严重的资源错配。另一方面，资本市场错误定价可能会加速产业结构的调整，甚至助力关键产业升级。Titman（2013）的研究指出，20世纪90年代，美国资本市场虽然存在严重的科技股泡沫，且泡沫最终破灭，但资本市场的错误定价通过增加高科技产业投资的方式加速了科技进步，美国的实体经济也从中获益。陆蓉等（2017）的研究同样指出，资本市场错误定价并非总是不利于经济发展的。错误定价影响了中国资本市场的行业调整——股价高估会增加资本投入量，从而引发产业扩张。若能巧妙应对甚至是运用资本市场错误定价，则可以充分发挥其对市场的积极作用。

资本市场错误定价对实体经济的影响已经得到了学术界的广泛关注。虽然资本市场错误定价的影响可能涉及行业、国家甚至是全球经济，但这些影响都是从对微观经济个体的影响出发的。在该部分，我们将简要回顾资本市场错误定价对企业融资行为的影响。

2.4.1 股权融资

Graham 和 Harvey（2001）对上市企业CFO的匿名调查，为资本市场错误定价与企业股权融资行为的关系提供了直接有力的证据。超过三分之二的受访者表示，股票价格的高低是影响上市企业股权融资的重要因素。在可能影响企业股权融资的十个因素之中，股票价格排在了第二位，对可转债而言，股票价格甚至排在了第一位。

大量实证研究检验了错误定价与股权融资的关系。Lerner（1994）研究了1978—1992年间接受过风险投资的350家生物技术公司的资金募集决策，研究发现，当股票估值较高的时候，这些生物技术公司更倾向于通过IPO的方式募集资金，而当股票估值较低的时候，这些生物技术公司更倾向于采用非公开融资方式。Loughran 等（1994）研究了54个国家上市企业的股权融资行为，研究发现，在绝大多数资本市场中，上市企业都更倾向于在股价高估的时期参与股权融资，且在股价高估阶段完成了股权融资的上市企业，其未来一段时间内的投资收益率显著更低。

除了关注错误定价与企业股权融资行为之间的关系外，大量文献还研究了股权融资后上市企业的回报率。如果上市企业倾向于在股价高估的阶段进行更多的股权融资，那么资本市场均值回归的特征意味着在股权融资之后的一段时间内，上市企业的回报率可能显著低于其他企业的回报率。Ritter（1991）研究了1975—1984年间美国资本市场的IPO事件，研究发现，参与了IPO的公司在未来一段时间内的表现显著弱于匹配公司，且在有大规模企业上市的年份中，这样的效应更为显著。Spiess和Affleck-Graves（1995）研究了1975—1989年间上市企业的股权增发行为，研究指出，相较于同行业、规模相当、没有参与股权增发的企业而言，参与了股权增发的企业的绩效显著更弱。他们的研究指出，错误定价不仅会影响企业的首次公开发行，也会影响上市企业的股权增发行为。

国内学者也就股市错误定价对企业股权融资决策的影响进行了深入的研究。李君平和徐龙炳（2015）的研究指出，股市错误定价显著影响了我国上市企业的股权融资决策，且无论企业是否面临融资约束，企业均倾向于在股价高估的阶段进行更多的股权融资。沈维涛等（2013）的研究指出，风险投资机构会影响企业的市场择时能力，具体而言，具有丰富经验或者外资背景的风险投资机构能够帮助企业在行情更好的时期完成上市。郭杰和张英博（2012）的研究指出，在中国资本市场中，政府对企业的IPO决策有着最终话语权，因而，企业家自身的市场择时行为并不能完全解释企业的IPO决策，只有同时考虑企业的市场择时行为与政府管制行为，才能够准确理解中国企业对上市时机的选择。

2.4.2 股权回购

同股价高估阶段企业参与更多的股权融资相类似，在股价低估阶段，企业也有动机参与更多的股权回购。Brav 等（2005）调查了384名CFO的股利政策，结果有86.6%的受访者认为股价低估是驱动企业参与股权回购的一个重要因素。D'mello 和 Shroff（2000）研究了错误定价与股权回购之间的关系。他们运用基于收益的估值模型（Earnings-based Valuation Model）估计了股票的真实价值，发现在实行了股权回购的企业中，有74%的企业存在明显的股价低估。Bonaimé 等（2014）实证检验了企业股权回购的动因，发现资本结构调整与错误定价是驱动企业参与股权回购的重要因素。一方面，企业可以通过股权回购的方式接近目标资本结构；另一方面，企业可以在股价低估的阶段通过股权回购获利。

除了研究错误定价与企业股权回购决策之间的关系外，大量文献还通过研究股权回购后企业的长期绩效，证实了上市企业股权回购决策中的择时效应。Ikenberry 等（1995）研究了1980—1990年间完成了股权回购的企业的长期绩效，研究发现，股权回购后四年内的购入-持有超额收益率约为12.1%，且对于价值股（Value Stock）而言，错误定价对企业股权回购的影响更大，对完成了股权回购的价值股来说，其平均超额收益率为45.3%。

无论是采用问卷调查还是实证检验的形式，已有文献的研究结论均显示，错误定价是影响企业股权回购的重要因素。企业有动机在股价低估的阶段参与更多的股权回购。除此之外，股权回购后的企业长期绩效显示，参与了股权回购的企业，其购入-持有超额收益率显著高于同行业、同等规模、未参与股权回购的其他企业，股权回购后企业更好的长期绩效也从侧面验证了市场择时理论对股权回购行为的解释能力。

2.5 股市错误定价与企业投资决策

2.5.1 直接投资

已有研究表明，股市错误定价主要通过两种渠道影响企业的直接投资行为。首先，迎合理论指出，如果股市错误定价与投资水平密切相关，经理人会通过改变直接投资策略的方式迎合投资者情绪，以期在短期内拉升企业的股价。其次，股市错误定价可以通过股权融资渠道影响企业的投资行为，股价高估时期更为畅通的融资渠道和更为低廉的融资成本，为企业的投资行为提供了充足的资金支持。

1936年，Keynes基于美国20世纪20年代的股市泡沫指出，短期的投资者情绪是影响企业投资的一个重要因素。随后大量的研究也表明，美国资本市场经历的多次泡沫时期内，企业的投资行为与投资者情绪之间有着密不可分的关系（Ofek 和 Richardson，2003；Kindleberger，2000）。Panageas（2003）在卖空限制和异质性信念的前提假设下，研究了企业的投资行为，发现股票的Q值与投资水平都有所上升，且股价高估推动了企业的投资行为。Polk 和 Sapienza（2009）将可操作性应计利润（Discretionary Accruals）作为错误定价的代理变量，研究发现，企业的异常投资与可操作性应计利润之间有着显著的正相关关系，且这种现象在研发强度更大、信息透明程度更低、股票交易总量更高、投资者投资周期更短的企业中更为显著。

Stein（1996）的研究预测，对股权融资依赖程度越高的企业，其投资规模对错误定价程度的敏感性应该越高。对于这些企业而言，它们只能通过股权融资的方式为自己的投资项目募集资金，当股价存在严重低估的时候，它们宁愿放弃投资项目，也不会选择以股权融资的方式为投资项目募集资金。Baker 等（2003）在Stein教授研究的基础上证实了这一猜想，其研究发现，面临融资约束的企业，更倾向于在股价高估的时期进行更多的股权融资与投资交易。Gilchrist 等（2005）的研究指出，在卖空限制的背景下，投资者的异质性信念会使得股价高于其真实价值，理性的经理人有动机进行低成本的股权融资，并增加直接投资。Campello 和 Graham（2013）在Baker等人研究的基础上，通过市账比分解的办法，将市账比分解为度量股票错误定价程度的指标与度量企业真实成长机会的指标。研究发现，在美国互联网泡沫时期，与互联网行业不存在直接业务关联、基本面没有实质性变化的其他行业企业，同样存在严重的股价高估，且这些企业在该时期参与了更多的投资交易。Chirinko 和 Schaller（2001）研究了20世纪80年代日本股市急剧增长阶段的企业投融资行为，他们将股市价格区分为反映基本面的部分和反映泡沫的部分，研究指出，资产价格泡沫直接影响了日本企业的固定资产投资。Edmans（2017）的研究指出，当面临股票错误定价的时候，企业高管的股权数量会影响企业的投资规模。

股市错误定价对企业投资行为的影响已经得到了西方学者的广泛关注与研究，国内学者也就相关问题展开了一系列研究。李君平和徐龙炳（2015）的研究指出，股价高估会促进中国上市企业的股权融资行为与债务融资行为，进而促进企业的投资行为，且这种现象在面临融资约束的企业中更为常见，其研究结论与基于西方资本市场的研究结论具有一定的相似性。王光辉（2020）的研究指出，股价高估会增加企业投资，且当企业受到融资约束的时候，这一影响更为显著。汪玉兰和周守华（2018）的研究指出，错误定价会增加企业的非效率投资，且会加剧企业的过度投资与投资不足问题。蒋玉梅（2014）的研究指出，由投资者情绪所导致的股市错误定价会通过迎合渠道影响企业的实际投资，即企业高管为了拉升股价，选择以迎合投资者情绪的方式进行更大规模的直接投资交易。王生年等（2018）以2008—2015年中国上市企业为样本的实证研究发现，尽管资产错误定价通过股权融资渠道加剧了过度投资，但也通过理性迎合渠道缓解了投资不足。除此之外，部分中国学者还以迎合理论与市场择时理论为基础，结合中国资本市场背景，研究了股市错误定价对企业直接投资行为的影响，但研究结论各异，尚没有形成一致认可的观点（刘端和陈收，2006；花贵如等，2011；潘敏和朱迪星，2011；陈康和刘琦，2018）。

2.5.2 兼并收购

大量研究指出，股市错误定价不仅会影响企业的融资与直接投资决策，还会影响企业的兼并收购行为。

Shleifer 和 Vishny（2003）提出了一个关于并购的市场择时理论，他们认为，当买方发现自己的股价存在高估的时候，会以股价高估的股票收购其他企业，并形成对股价下跌的缓冲。Rhodes-Kropf 等（2005）的研究同样指出，市场整体的错误定价水平与并购数量正相关，且收购方的估值水平比被收购方更高，除此之外，存在股价高估的企业更倾向于使用股票的形式进行兑付，支付的溢价更高，并购公告期内的超额收益率更低。

国内学者也就股市错误定价对企业并购的影响展开了一系列研究。王璐清等（2015）基于中国资本市场的研究指出，股市错误定价是影响中国企业间并购交易的重要原因。袁天荣等（2019）的研究指出，存在股价高估的企业在进行并购的时候，更倾向于选择股票融资方式。刘娥平和关静怡（2018）的研究指出，定增并购前股价高估使得定增折价和并购溢价都变得更高，且在并购对价为股份时这一正相关关系更为显著；股价高估与公告后的市场绩效负相关，股价越被高估，短期市场绩效和长期市场绩效表现越差。

2.6 文献评述

从有效市场假说到行为经济学、行为金融学，资本市场存在的错误定价现象已经得到了广泛且深入的研究。但在笔者看来，现有研究还存在以下不足。首先，已有研究多数针对发达国家资本市场，对发展中国家资本市场的研究较为匮乏，而发展中国家资本市场往往有着定价效率较低、错误定价程度较高的特征，因此，有必要进行单独的研究。其次，已有研究往往只关注了融资和投资行为中的一个行为，或者只关注了“量”和“质”中的一个方面，将融资与投资行为、“量”与“质”整合起来的研究较少，这也在一定程度上限制了我们对资本市场错误定价的理解。最后，已有研究没有给予产权性质足够的重视。我们在前文中已经指出，国有企业与民营企业的行为特征和行为方式存在显著的差异，且这些差异可能会导致不同产权性质企业投融资行为对股市错误定价的不同反应方式与反应程度。然而，这一问题尚没有得到国内学者的关注与重视，本书试图填补这一空白。

3 股市错误定价、产权性质与企业股权融资

3.1 引言

传统的经济学理论认为，有效的资本市场能够准确反映资产价格，并将稀缺资源有效地配置到不同的行业、部门。然而，资本市场中的种种异象让经济学家意识到，资产的价格在很多情况下会偏离其真实价值（Rhodes-Kropf 和 Viswanathan，2004；Shleifer 和 Vishny，2003），并且资本市场中的错误定价会直接影响市场参与者的行为以及资源配置的效率。大量针对上市企业融资行为的研究指出，股市错误定价会直接影响企业的股权融资行为。

Stein（1996）研究了理性的企业管理者在非理性的资本市场中的行为决策，并提出了市场择时假说（Market Timing Hypothesis）。该研究指出，当理性的企业管理者意识到股价存在高估的时候，他们会利用投资者的过度热情，发行更多的股票，在这个时候发行股票能够将资产以高于其真实价值的价格出售给外部投资者，进而为企业现有的股东谋求经济利益；而当理性的企业管理者意识到股价存在低估的时候，他们会进行更多的股权回购，即以低于股票真实价值的价格将股权购回。Baker等（2003）的研究进一步指出，企业会利用股价高估、融资约束缓解的时期，参与更多的股权融资，为企业的投资项目募集资金。对于市场择

时假说最为直接的支持来自Graham 和 Harvey（2001）的研究，他们匿名采访了392位上市企业的首席财务官（CFO），采访结果显示，超过三分之二的上市企业将股票的错误定价程度视为企业股权融资行为的一个重要决定因素，且股票错误定价程度的重要性远远高于其他几个决定因素。与此同时，大量实证研究也从统计意义的角度研究了股市错误定价对企业股权融资的影响以及市场择时理论的适用性。Lerner（1994）的研究指出，生物科技行业的首次公开发行规模与生物科技行业的股指有着高度的相关性，在生物科技行业股指高涨的时期，更多的生物科技公司选择进行股权融资。Loughran 等（1994）研究了世界上多个国家的股权融资行为后指出，国家层面的股权融资规模与各个国家的股指有着高度的相关性。除了来自西方资本市场的经验证据之外，股市错误定价对企业股权融资行为的影响，以及市场择时理论的解释力同样在中国资本市场得到了验证。刘端等（2005）的研究指出，市场价格高的企业在短期内更愿意进行股权融资。李君平和徐龙炳（2015）的研究指出，面临股价高估的企业会参与更多的股权融资，且无论企业是否面临融资约束，这种现象均普遍存在。[①]

从理论分析到实证检验，市场择时理论都能够在一定程度上解释股市错误定价与企业股权融资行为之间的关系。然而，单从市场择时理论出发，将企业视为同质的个体进行研究，可能会极大地影响研究的丰富程度，并限制我们对资本市场的理解。在前文的分析中我们已经指出，

① 除了传统的市场择时理论之外，大量学者还基于中国股票市场的背景，研究发现了大股东控制背景下的大股东择时行为，即在股价低位通过向大股东定向增发的方式为大股东谋求经济利益的现象。基于以下两点原因，我们不对该类择时行为进行单独的论述与研究，而将重点更多地放在传统的市场择时理论上。第一，该类现象已经得到了广泛的关注。第二，本书的研究重点是股市错误定价背景下不同产权性质企业的投融资行为以及相互之间的影响，而这种形式的定向增发的目的更多是实现大股东财富管理与加强大股东控制权，影响企业投资策略的可能性较小。

国有经济与民营经济在我国经济社会的发展中均扮演着重要角色，且国有企业与民营企业在经营目标等方面存在显著差异。要想充分认识股市错误定价对中国上市企业股权融资行为的影响，需要结合不同产权性质企业的行为特征展开研究。本章试图在严格区分产权性质的基础上，研究股市错误定价对企业股权融资决策的影响，进而为更深入地理解股市错误定价对中国资本市场的影响路径与影响方式，并为随后研究股市错误定价背景下不同产权性质企业的投资行为打下基础。与此同时，在股市错误定价背景下研究不同产权性质企业的融资行为，也有助于我们更好地理解不同产权性质企业的特征与行为方式。

本章余下的部分安排如下：第2节为“理论分析与研究假设”，第3节为“数据、变量与方法”，第4节为“实证结果与分析”，第5节为“机制分析”，第6节为“股市错误定价是否会影响企业的债务融资决策”，第7节为“内生性检验与稳健性检验”，第8节为“本章小结”。

3.2 理论分析与研究假设

错误定价作为普遍存在于资本市场中的一种现象，得到了学界、业界的广泛关注。相关研究显示，股市错误定价不是一场可有可无的余兴节目，而是会直接影响企业的种种决策，其中，股权融资行为得到了最多的关注与研究。

首先，在股价高估阶段参与股权融资，意味着企业能够将资产以高于其真实价值的价格出售给外部投资者，这能够直接为企业现有的股东带来经济收益（Stein，1996），因此，企业有动机在股价高估阶段参与更高频率、更大规模的股权融资。

其次，股价高估往往伴随着一定程度的股市泡沫，如在美国互联网泡沫时期，无论是科技公司，还是与互联网毫无关系的部分传统行业企业，其股票价格都存在显著的高估。中国资本市场也是一样，在大牛市的时候，部分股票的价格远远高于其真实价值。股市的高涨意味着投资者的积极性较高，对企业股权的需求较大，企业能够以更低的成本募集资金，加之企业普遍具有将企业做大做强的意愿，因此，企业有动机在股价高估、融资成本较低的时期参与更多的股权融资，并为日后的投资项目募集资金。

因此，我们提出以下两个假设。

假设3–1：股市错误定价会影响企业的股权融资概率。面临股价高估的企业，参与股权融资的概率显著上升。

假设3–2：股市错误定价会影响企业的股权融资规模。面临股价高估的企业，股权融资的规模显著上升。

如果将上市企业视为同质的个体，从整体上研究股市错误定价对企业股权融资行为的影响，而不深入挖掘不同企业的特殊性，可能会极大地损害研究的丰富性。本书认为，根据产权性质将企业区分为国有企业与民营企业，进而研究股市错误定价对不同产权性质企业股权融资行为的影响，具有一定的理论依据和重大的现实意义。国有企业与民营企业之间的特征差异，可能导致二者在择时动机、择时能力、择时激励以及行业分布上的显著差异，这均可能造成二者股权融资行为对股市错误定价的不同反应方式与反应程度。

首先，国有企业与民营企业的择时动机不同。大量研究显示，企业之所以在股价高估阶段参与股权融资，其中一个重要的原因是股价高估阶段，企业的融资约束得以缓解，企业能够以更低的成本募集更大规模的资金。例如，Baker 等（2003）的研究指出，具有不同融资约束程度的上市企业，其股权融资行为受资本市场错误定价的影响存在显著差异，具体而言，面临严重融资约束的企业，在股价高估阶段参与股权融资的概率显著更高。已有研究显示，国有企业与民营企业的融资能力与所面临的融资约束存在一定差异。无论经济走强还是走弱、股市看涨还是看跌，国有企业往往能很快获得持续的融资，而民营企业则不同，不少民营企业不具备国有企业那样良好的银企关系，往往面临着一定程度的融资约束，一些有价值的投资项目不得不因资金短缺而被搁置。因此，民营企业有更强的动机在股价高估、融资约束缓解的时期参与更多的股权融资，并为企业潜在的投资项目筹措资金。

其次，国有企业与民营企业的择时能力不同。市场择时理论的一个隐含假设是企业高管能够准确地评估企业的真实价值，并判断企业当前的股价是否存在高估或者低估。当经理人确定股价存在高估的时候，企业有动机参与更多的股权融资，并将资产以高于其真实价值的价格出售给外部投资者。大量研究显示，相较于外部投资者，企业内部的管理人员拥有更多的企业信息，能够更为准确地评估企业的真实价值（Bettis等，2000；曾庆生，2008；曾庆生和张耀中，2012）。然而，国有企业与民营企业高管背景的差异，可能导致二者不同的择时能力。民营企业高管往往是职业经理人，他们长期在某家特定企业从事经营、管理工作，甚至经历了从企业初创到发展壮大的整个过程，对企业的经营状况、发展前景有着更好的认识和判断，能够更好地评估企业的真实价值，因此择时能力也可能更强。

再次，国有企业与民营企业的择时激励不同。市场择时理论指出，在股价高估阶段发行股票，能够将资产以高于其真实价值的价格出售给外部投资者，这意味着财富从外部投资者向企业现有股东的转移（Stein，1996）。如果企业高管持有一定规模的股权数量，那么在股价高估阶段进行股权融资，不仅能够提升股东的价值，还能够提升高管自身的财富水平。然而，民营企业高管与国有企业高管的薪酬结构存在显著的差异。民营企业高管往往持有较大数额的股权，在很多时候，企业的大股东甚至直接担任企业的高管。而国有企业高管的薪酬则相对固定，高管持有的股权数量相对较少。因此，在股价高估阶段参与股权融资，能够为民营企业高管带来极大的财富效应，而这种效应在国有企业中显著降低，这可能会导致民营企业的择时激励显著强于国有企业。

最后，国有企业与民营企业的行业分布有着显著的差异。一般而言，相当数量的国有企业集中在传统行业，而民营企业中则有更多的高新技术企业，尤其是伴随着创业板、科创板的开放，大量由民营企业家控制的高新技术企业得以上市。相较于传统行业企业而言，高新技术企业具有信息不对称程度高、可用于抵押的实物资产不足、经营风险较高、现金流不稳定等特征（Carpenter 和 Petersen，2002；Bertoni 等，2011），这使得高新技术企业往往面临更强的融资约束，且具有更强的股权融资依赖。高新技术企业更高的股权融资依赖程度，可能会导致民营企业股权融资行为对股市错误定价更强烈的反应，并进一步加剧国有企业与民营企业市场择时行为的差异。

因此，我们提出以下五个假设。

假设3-3：股市错误定价对企业股权融资行为的影响，在民营企业样本中显著强于国有企业样本。

假设3-4：国有企业与民营企业间融资约束的差异导致了二者不同的择时动机，进而导致民营企业股权融资行为受股市错误定价的影响显著强于国有企业。

假设3-5：国有企业与民营企业间高管背景特征的差异导致了二者不同的择时能力，进而导致民营企业股权融资行为受股市错误定价的影响显著强于国有企业。

假设3-6：国有企业与民营企业间高管股权激励的差异导致了二者不同的择时激励，进而导致民营企业股权融资行为受股市错误定价的影响显著强于国有企业。

假设3-7：国有企业与民营企业间行业分布的差异，导致民营企业股权融资行为受股市错误定价的影响显著强于国有企业。

在实证检验中，我们先从整体上判断国有企业与民营企业的市场择时行为是否存在显著的差异，再分别检验不同原因的解释力。

3.3 数据、变量与方法

3.3.1 数据选取

本章选取2004—2017年中国沪深股市所有上市企业作为研究样本。上市企业数据均来自国泰安（CSMAR）数据库，其中包括上市企业财务数据、上市企业公司治理数据、上市企业产权性质等。按照已有文献的做法，本章对样本进行了如下筛选工作：①考虑到金融行业的特殊性，剔除了行业分类属于金融、保险业的企业；②剔除了样本期间终止上市的企业；③为了避免个别极端值、异常值对回归结果的影响，对连续变量数据在1%的水平上进行了双向缩尾处理（Winsorize），即将第1和第99分位数之外的数据分别用第1和第99分位数上的数值进行替换。

3.3.2 主要指标构建

（1）错误定价的衡量

借鉴Rhodes-Kropf等（2005）、游家兴和吴静（2012）、陆蓉等（2017）的研究，本章利用市账比分解的方法度量上市企业的股票错误定价。市账比（M/B）是衡量股票价值的常用指标，假设存在一个能够准确度量企业价值的指标V，则可以对市账比做如下分解：

$$\frac{M}{B}=\frac{M}{V}\times\frac{V}{B} \tag{3-1}$$

其中，M/V表示错误定价程度，V/B表示股票的真实成长机会。通过对（3-1）式左右两侧同时取对数，我们得到以下表达形式：

$$m-b=(m-v)+(v-b) \tag{3-2}$$

其中，m是股票市场价值的对数，b是股票账面价值的对数，v是股票真实价值的对数。为了估算企业的真实价值，我们对所有上市企业分行业（j）、分年度（t）进行以下回归：

$$m_{i,t}=\alpha_{0jt}+\alpha_{1jt}b_{i,t}+\alpha_{2jt}ln(NI)^{+}_{i,t}+\alpha_{3jt}I_{(<0)}ln(NI)^{+}_{i,t}+\alpha_{4jt}LEV_{i,t}+\varepsilon_{i,t} \tag{3-3}$$

其中，$m_{i,t}$为企业i在t年末的市场价值；$b_{i,t}$为企业i在t年末的总资产；$ln(NI)^{+}_{i,t}$为企业i在t年末的净利润绝对值取对数；$I_{(<0)}$为示性函数，当净利润小于零时取1，大于等于零时取0；$LEV_{i,t}$表示企业的杠杆率。通过回归得到各个行业在每个年度的回归系数｛α_{0jt}，α_{1jt}，α_{2jt}，α_{3jt}，α_{4jt}｝后，我们对同行业各个年度的回归系数求平均值，得到｛α_{0j}，α_{1j}，α_{2j}，α_{3j}，α_{4j}｝，并根据方程（3-4）估算出企业的真实价值v，进而计算出企业的错误定价程度*Mis_Total*与真实成长机会*True_Growth*。①

$$v_{i,t}=\alpha_{0j}+\alpha_{1j}b_{i,t}+\alpha_{2j}ln(NI)^{+}_{i,t}+\alpha_{3j}I_{(<0)}ln(NI)^{+}_{i,t}+\alpha_{4j}LEV_{i,t} \tag{3-4}$$

① 根据Rhodes-Kropf等（2005）的研究，企业股票的整体错误定价程度（*Mis_Total*）可以被进一步分解为企业层面的错误定价与行业层面的错误定价，而究竟是采用整体的错误定价程度还是分解后的企业层面错误定价与行业层面错误定价，则取决于研究的需要。例如，陆蓉等（2017）的研究关注的问题是错误定价对产业结构调整的影响，因而选取了行业层面的错误定价；游家兴和吴静（2012）的研究关注的问题是媒体情绪对股票错误定价的影响，因而选取了股票的整体错误定价程度。本书的研究主要关注股市错误定价对企业投融资行为的影响，因而也选取了股票的整体错误定价程度，而不细分至企业层面的错误定价与行业层面的错误定价。

进一步地，我们根据企业股票的错误定价程度*Mis_Total*定义虚拟变量*Mis*，当企业股价存在高估，即*Mis_Total*大于零的时候，虚拟变量*Mis*取1，当企业股价不存在高估，即*Mis_Total*小于等于零的时候，虚拟变量*Mis*取0。

总结起来，本章主要的解释变量为虚拟变量*Mis*，当企业股价存在高估的时候，虚拟变量*Mis*取1，当企业股价不存在高估的时候（即企业股价估值准确或存在低估的时候），虚拟变量*Mis*取0。

（2）融资约束的衡量

Kaplan 和 Zingales（1997）的研究开创性地进行了企业融资约束程度的测度。测度企业融资约束程度时，首先需要根据样本企业的财务状况，确定不同样本企业的融资约束程度，进而寻找企业特征变量与融资约束程度之间的关系，并形成融资约束指数。根据这种办法计算出来的融资约束指数，能够反映不同企业间的相对融资约束程度，极大地丰富了经济领域的实证研究。其中，最具代表性的三类融资约束测度指数为*KZ*指数（Kaplan 和 Zingales，1997；Lamont 等，2001）、*WW*指数（Whited 和 Wu，2006）和*SA*指数（Hadlock 和 Pierce，2009）。然而，*KZ*指数和*WW*指数均有一个严重的缺陷，那就是用于构造融资约束指数的变量中有一部分是内生决定的，这在一定程度上会影响融资约束指数的准确性与有效性。正如Hadlock 和 Pierce（2009）在文章中举的例子一样，一方面，更高的现金持有水平在一定程度上能够缓解企业的融资约束，即企业的现金持有水平越高，企业的融资约束越弱，另一方面，企业之所以选择更高的现金持有水平，可能是面临融资约束的企业出于预防性动机（The Precautionary Motive），提前储备了较高的现金存量，即企业的现金持有水平越高，企业的融资约束实则越强。因此，现金持有水平高的企业既可能是融资约束较弱的企业，也可能是融资约束较强的企业，将这种内生决定的变量用于刻画企业的融资约束程度，可能会导致结果的不稳健。基于上述考虑，Hadlock 和 Pierce（2009）在*KZ*指数、*WW*指数的基础上，运用企业规模和企业年龄两个外生决定的变量构造了*SA*指数：$-0.737\times Size+0.043\times Size^2-0.04\times Age$。

本章根据Hadlock 和 Pierce（2009）的研究构造*SA*指数，并用该指数度量企业的融资约束程度。我们对观测样本按照*SA*指数进行排序，并定义虚拟变量*Constrain*，对于*SA*指数高于中位数的样本，*Constrain*取1，即企业面临较强的融资约束，对于*SA*指数低于或等于中位数的样本，*Constrain*取0，即企业面临较弱的融资约束。

（3）股权融资决策

广义的上市企业股权融资方式包括增发融资、配股融资、可转债融资、可交换债融资等。基于以下三点原因，在本章的研究中，我们将股权融资限定在增发融资与配股融资两种方式上。第一，增发融资与配股融资是上市企业股权融资方式中规模最大的两种方式。Wind统计数据显示，1990—2018年，增发融资共为A股上市企业募集资金73395亿元人民币，配股融资共为A股上市企业募集资金5710亿元人民币，增发融资与配股融资募集资金总额占广义的上市企业股权融资总规模的近九成。第二，可转债融资、可交换债融资本质上既是股权融资，又是债务融资。一方面，部分可转债、可交换债并没有最终转换成公司股权；另一方面，在实现转股之前，可转债、可交换债依然保持着债券还本付息的特征。研究股市错误定价对企业融资行为影响的文献，往往也将可转债的发行作为一个单独研究的问题（Spiess 和 Affleck-Graves，1999；Harris 和 Raviv，1985）。第三，我们无法准确获取可转债融资、可交换债融资的详细发行、转股信息，且转股时间与发行时间往往具有较长的间隔，这也进一步降低了统计、回归结果的稳健性。基于上述三点原因，本章将研究对象主要集中在增发融资和配股融资两类股权融资方式上。

借鉴已有文献的做法，我们收集了企业股权融资的信息，并定义0-1虚拟变量*If_SEO*，如果企业在该年度参与了股权融资，则被解释变量*If_SEO*取1，如果企业在该年度没有参与股权融资，则被解释变量*If_SEO*取0。

（4）股权融资规模

借鉴已有文献的做法，我们对企业股权融资规模进行了度量。具体而言，我们构造了变量*Relative_Size*，该变量等于该年度企业股权融资募集金额除以企业上一期期末资产总额，如果企业在该年度没有进行股权融资（增发融资与配股融资），则*Relative_Size*取0。

3.3.3 控制变量

参考已有研究的做法（Campello 和 Graham，2013；Baker 等，2003；Morck 等，1990），本章选择了以下几个变量作为控制变量。①资产规模（*Asset*）：企业的资产规模（单位：百亿元）；②资产负债率（*Leverage*）：企业总负债/企业总资产；③上市年限（*Ln_Age*）：企业上市年限取对数；④资产回报率（*ROA*）：企业净利润/企业总资产；⑤大股东持股比例（*Top1*）：企业第一大股东持股比例；⑥真实成长机会（*True_Growth*）：根据Rhodes-Kropf 等（2005）的市账比分解方法得到的企业真实成长机会；⑦产权性质（*SOE*）：根据实际控制人性质定义，国有企业取1，民营企业取0；⑧融资约束（*Constrain*）：融资约束较强的企业样本即*SA*指数高于中位数的企业样本，*Constrain*取1，融资约束较弱的企业样本即*SA*指数低于中位数的企业样本，*Constrain*取0；⑨高管持股比例（*Share*）：前三大高管持股数量/总股本。除此之外，回归模型中还控制了行业固定效应和年度固定效应。具体的变量定义如表3-1所示。

表3-1 主要变量的定义和计算方法

变量类型	变量名称	变量符号	变量描述
被解释变量	股权融资决策	*If_SEO*	企业在该年度是否参与股权融资，参与取1，未参与取0
	股权融资规模	*Relative_Size*	股权融资募集金额/企业上一期期末资产总额
解释变量	错误定价	*Mis*	企业该年度是否存在股价高估，存在股价高估取1，不存在股价高估取0
控制变量	资产规模	*Asset*	企业的资产规模（单位：百亿元）
	资产负债率	*Leverage*	企业总负债/企业总资产
	上市年限	*Ln_Age*	企业上市年限取对数
	资产回报率	*ROA*	企业净利润/企业总资产
	大股东持股比例	*Top1*	企业第一大股东持股比例
	真实成长机会	*True_Growth*	根据Rhodes-Kropf等（2005）的市账比分解方法得到的企业真实成长机会
	产权性质	*SOE*	国有企业取1，民营企业取0
	融资约束	*Constrain*	融资约束较强的企业样本即*SA*指数高于中位数的企业样本，*Constrain*取1，融资约束较弱的企业样本即*SA*指数低于中位数的企业样本，*Constrain*取0
	高管持股比例	*Share*	前三大高管持股数量/总股本
	行业	*Industry*	行业固定效应
	年份	*Year*	年度固定效应

资料来源：CSMAR数据库以及笔者整理。

3.3.4 回归模型

本章参考已有文献的做法（Campello 和 Graham，2013；Baker 等，2003；李君平和徐龙炳，2015），构造如下两个回归模型：

$$If\_SEO_{i,\ t}=\alpha+\beta_1 Mis_{i,\ t-1}+\beta_2 Controls_{i,\ t-1}+\beta_3\sum Ind+\beta_4\sum Year+\varepsilon \tag{3-5}$$

$$Relative\_Size_{i,\ t}=\alpha+\beta_1 Mis_{i,\ t-1}+\beta_2 Controls_{i,\ t-1}+\beta_3\sum Ind+\beta_4\sum Year+\varepsilon \tag{3-6}$$

回归模型（3–5）中的被解释变量为虚拟变量*If_SEO*，如果企业在该年度参与了股权融资，则被解释变量*If_SEO*取1，如果企业在该年度没有参与股权融资，则被解释变量*If_SEO*取0。主要的解释变量为虚拟变量*Mis*，如果企业股价存在高估，则解释变量*Mis*取1，如果企业股价不存在高估，则解释变量*Mis*取0。由于被解释变量是虚拟变量，我们采用Probit回归和Logit回归对方程（3–5）进行回归分析。

回归模型（3–6）中的被解释变量为连续变量*Relative_Size*，即该年度企业股权融资募集金额/企业上一期期末资产总额。主要的解释变量同样为虚拟变量*Mis*，如果企业股价存在高估，则解释变量*Mis*取1，如果企业股价不存在高估，则解释变量*Mis*取0。

除了回归模型（3–5）和（3–6）之外，在随后的研究中，根据研究需要，我们对回归模型进行了一定程度的变形，具体的模型设定方式将在随后的部分介绍。

3.3.5 描述性统计

表3–2汇报了主要变量的描述性统计结果。在本章的23970个观测样本中，共有2891个观测样本参与了股权融资，约占总样本的12.1%。

其中，股权融资募集金额占企业上一期期末资产总额的比例平均约为21.3%，最大值为43.2%，这表明对于中国上市企业而言，股权融资能够为企业募集大量的资金，用于企业的生产经营与发展扩张。在股票错误定价方面（*Mis*），平均约有57.0%的企业存在股价高估的现象。[①]从企业财务数据的角度进行观察，平均而言，样本企业资产规模（*Asset*）的均值为135亿元人民币，资产负债率（*Leverage*）的均值为48.9%，上市年限（*Ln_Age*）的均值为2.12，资产回报率（*ROA*）的均值为3.0%，大股东持股比例（*Top1*）的均值为35.5%（这表明中国上市企业的股权集中度较高，企业实际控制人对企业的话语权较大，并可能伴随着较为严重的第二类委托代理问题），企业真实成长机会（*True_Growth*）的均值为0.152，样本中约有45.0%的企业为国有企业（*SOE*），约53.1%的企业面临较强的融资约束（*Constrain*），公司前三大高管平均持有企业约3.6%的股权（*Share*）。

表3-2 描述性统计

变量	观测值	平均值	标准差	最小值	最大值
If_SEO	23970	0.1206091	0.3256792	0	1
Relative_Size	2891	0.2128568	0.1251913	0.0016651	0.4323261
Mis	23970	0.569587	0.4951443	0	1

① 如果对不同产权性质企业样本的股票错误定价程度（*Mis*）进行统计，可以发现，国有企业样本股价高估的比例为51.1%，而民营企业样本股价高估的比例为61.8%，显著高于国有企业样本的股价高估程度。为什么国有企业与民营企业之间股票错误定价的程度会存在如此显著的差异？我们猜想，相较于国有企业高管而言，民营企业高管可能更加热衷于影响股价、拉升股价，这也进一步导致了民营企业更为严重的股价高估现象。本书的研究重点是股市错误定价对不同产权性质企业投融资行为的影响，而造成不同产权性质企业股票错误定价程度差异的原因不是本书的研究重点，对相应问题的解答还有待相关领域学者的进一步研究。

续表

变量	观测值	平均值	标准差	最小值	最大值
Asset	23970	1.346153	4.244848	0.0155869	32.28844
Leverage	23970	0.4887764	0.230431	0.0511707	1.500829
Ln_Age	23970	2.123546	0.6760465	0.6931472	3.135494
ROA	23970	0.0302437	0.0656192	−0.31844	0.204496
Top1	23970	35.51265	15.3685	8.77	75.72
True_Growth	23970	0.1528969	0.9378019	−5.140007	1.780181
SOE	23970	0.450146	0.4975188	0	1
Constrain	23970	0.5310805	0.4990435	0	1
Share	22753	0.0359529	0.1005986	0	0. 5792326
Debt_Incre	20711	0.1980311	4.452112	−0.3360731	1.3581

3.4 实证结果与分析

3.4.1 单变量分析

我们先运用单变量分析的方法，检验股市错误定价对企业股权融资行为的影响。我们主要关注的变量为度量企业股权融资决策的变量*If_SEO*和度量企业股权融资规模的变量*Relative_Size*。具体而言，如果企业在该年度参与了股权融资，则*If_SEO*取1，否则取0，而*Relative_Size*则为该年度企业股权融资规模除以企业上一期期末的资产规模。*If_SEO*的数值越大，表明企业参与股权融资的概率越高；*Relative_Size*的数值越大，表明企业股权融资的规模越大。

首先，我们分别对全样本、股价高估样本（*Mis*=1）和股价低估样本（*Mis*=0）进行统计分析，并将结果汇报在表3-3-1中，最后一列*Diff*为股价高估样本的统计值与股价低估样本的统计值之间的差值。观察表3-3-1的统计结果可以发现，平均每年约有12.1%的企业参与了股权融资，且股权融资规模约为企业上一期期末资产规模的21.3%，这表明股权融资是中国上市企业募集资金的一个重要途径。股价高估样本（*Mis*=1）和股价低估样本（*Mis*=0）的统计数据显示：对于股价高估样本而言，平均每年约有15.6%的企业参与了股权融资，且股权融资规模约为企业上一期期末资产规模的22.5%；对于股价低估样本而言，平均每年约有7.3%的企业参与了股权融资，且股权融资规模约为企业上一期期末资产规模的18.0%。无论是股权融资概率还是股权融资规模，股价高估样本的统计数据均显著高于股价低估样本。具体而言，股价高估样本参与股权融资的概率比股价低估样本高出8.3个百分点，约为其2.13倍；股价高估样本的股权融资规模比股价低估样本高出4.5个百分点，约为其1.25倍。

表3-3-1　全样本单变量分析

	全样本	股价高估样本（*Mis*=1）	股价低估样本（*Mis*=0）	*Diff*
If_SEO	0.1206091	0.1563759	0.0732771	0.0830988***
Relative_Size	0.2128568	0.2245742	0.1797662	0.044808 ***

注：*表示10%水平上显著（p<0.1），**表示5%水平上显著（p<0.05），***表示1%水平上显著（p<0.01）。

其次，我们根据产权性质，将样本进一步区分为国有企业样本与民营企业样本，并重复上述工作。我们将统计结果汇报在表3-3-2和表3-3-3中，其中表3-3-2为民营企业样本的统计结果，表3-3-3为国有企业样本的统计结果。通过观察表3–3–2和表3–3–3可以发现，无论是民营企业还是国有企业，二者均在股价高估阶段参与了更多的股权融资，且股价高估时期的股权融资规模也均显著高于股价低估时期。表3–3–2针对民营企业样本的统计数据显示，民营企业在股价低估阶段参与股权融资的概率约为7.7%，而在股价高估阶段参与股权融资的概率上升至17.7%，约为股价低估阶段股权融资概率的2.30倍；民营企业在股价低估阶段的股权融资规模约为19.3%，而在股价高估阶段的股权融资规模上升至23.4%，约为股价低估阶段股权融资规模的1.21倍。表3–3–3针对国有企业样本的统计数据显示，国有企业在股价低估阶段参与股权融资的概率约为7.0%，而在股价高估阶段参与股权融资的概率上升至12.6%，约为股价低估阶段股权融资概率的1.80倍；国有企业在股价低估阶段的股权融资规模约为16.5%，而在股价高估阶段的股权融资规模上升至20.4%，约为股价低估阶段股权融资规模的1.24倍。

表3–3–2 民营企业样本单变量分析

	民营企业全样本（*SOE*=0）	股价高估样本（*Mis*=1，*SOE*=0）	股价低估样本（*Mis*=0，*SOE*=0）	*Diff*
If_SEO	0.1388467	0.1770053	0.0771979	0.0998074***
Relative_Size	0.2256359	0.2343305	0.1934276	0.040903 ***

注：*表示10%水平上显著（p<0.1），**表示5%水平上显著（p<0.05），***表示1%水平上显著（p<0.01）。

表3–3–3 国有企业样本单变量分析

	国有企业全样本（*SOE*=1）	股价高估样本（*Mis*=1，*SOE*=1）	股价低估样本（*Mis*=0，*SOE*=1）	*Diff*
If_SEO	0.0983318	0.1259071	0.0695339	0.0563732 ***
Relative_Size	0.1908157	0.2043164	0.1652859	0.0390305 ***

注：*表示10%水平上显著（p<0.1），**表示5%水平上显著（p<0.05），***表示1%水平上显著（p<0.01）。

进一步观察可以发现，民营企业股权融资概率的相对变动程度似乎高于国有企业（2.30倍vs. 1.80倍），即民营企业股权融资概率对股市错误定价的敏感性高于国有企业，而这一现象在股权融资规模中似乎并不显著（1.21倍vs. 1.24倍）。

单变量分析结果显示，无论是民营企业还是国有企业，在股价高估阶段参与股权融资的概率更高、股权融资规模更大，且民营企业对股价高估的反应似乎强于国有企业。然而，企业的股权融资行为除了受到股市错误定价的影响外，还会受到企业层面特征等一系列因素的影响。在随后的多元回归分析中，我们将进一步控制可能影响企业股权融资行为的变量，以确保研究结果的准确性。

3.4.2 多元回归分析

（1）股市错误定价与企业股权融资概率

在前文的单变量分析中我们发现，当股价存在高估的时候，企业参与股权融资的概率显著上升。具体而言，在股价低估的时候，企业参与股权融资的概率为7.3%，而当股价存在高估的时候，企业参与股权融资的概率上升到了15.6%，且这种差异在1%的水平上高度显著。然而，股权融资是企业最为重要的决策之一，企业是否选择进行股权融资，不仅会受到股市错误定价的影响，还会受到一系列企业层面、行业层面特征的影响，因此，有必要在控制其他影响因素的情况下，进一步探讨股市错误定价对企业股权融资概率的影响。我们运用方程（3–5）进行回归分析，并将回归结果报告在表3–4中。

表3-4 股市错误定价与企业股权融资概率

	(1)	(2)	(3)	(4)
	If_SEO			
Mis	0.175***	0.196***	0.345***	0.362***
	[7.02]	[7.20]	[7.00]	[6.94]
Asset		−0.008**		−0.013**
		[−2.37]		[−2.22]
Leverage		1.279***		2.313***
		[19.26]		[18.83]
Ln_Age		−0.117***		−0.223***
		[−8.25]		[−8.56]
ROA		2.525***		4.525***
		[11.80]		[11.39]
Top1		−0.001		−0.002
		[−1.47]		[−1.51]
True_Growth		0.053***		0.098***
		[3.11]		[3.11]
_cons	−1.409***	−3.079***	−2.442***	−5.942***
	[−14.97]	[−18.78]	[−13.31]	[−15.25]
Industry/Year	Yes	Yes	Yes	Yes
N	32395	23970	32395	23970
pseudo R−sq	0.083	0.095	0.083	0.094

注：*表示10%水平上显著（p<0.1），**表示5%水平上显著（p<0.05），***表示1%水平上显著（p<0.01）。

在方程（3-5）中，被解释变量*If_SEO*为虚拟变量，如果企业在该年度参与了股权融资，则被解释变量*If_SEO*取1，否则取0。主要的解释变量*Mis*同样为虚拟变量，如果企业存在股价高估的情况，则解释变量*Mis*取1，否则取0。为了确保结果的稳健性，我们同时采用了Probit回归和Logit回归两种估计方式。在表3-4中，列（1）、列（2）为Probit回归的结果，列（3）、列（4）为Logit回归的结果。在列（1）、列（3）中，我们在回归时仅仅加入了虚拟变量*Mis*以及行业、年度固定效应。列（2）、列（4）则在列（1）、列（3）的基础上，进一步加入了一系列企业层面的控制变量。具体而言，我们加入了滞后一期的企业资产规模（*Asset*）、滞后一期的企业资产负债率（*Leverage*）、滞后一期的企业上市年限（*Ln_Age*）、滞后一期的资产回报率（*ROA*）、滞后一期的大股东持股比例（*Top1*）以及滞后一期的企业真实成长机会（*True_Growth*）。

通过观察回归结果可以发现，在列（1）至列（4）中，度量企业股票错误定价的虚拟变量*Mis*均为正，且均在1%的水平上显著。以列（2）中Probit回归的结果为例，*Mis*的系数为0.196，且在1%的水平上显著。其经济意义是，当股价存在低估的时候，企业参与股权融资的概率约为9.8%，而当股价存在高估的时候，企业参与股权融资的概率上升至13.3%，上升了约35.7%。股市错误定价对企业股权融资概率的影响不仅在统计意义上显著，在经济意义上也十分显著。同样地，以列（4）中Logit回归的结果为例，*Mis*的系数为0.362，且在1%的水平上显著。其经济意义与列（2）相类似，当股价存在低估的时候，企业参与股权融资的概率约为9.8%，而当股价存在高估的时候，企业参与股权融资的概率上升至13.2%，上升了约34.7%。表3-4的回归结果证实了假设3-1。

在控制变量方面，所得到的结论也与已有文献的结论较为接近。企业的资产规模越大，企业参与股权融资的概率越低。首先，企业的资产规模越大，企业的内部资本市场越健全、内部产生的现金流越稳定，企业会更多地依赖内源融资的方式，减少外源融资；其次，企业的资产规模越大，企业的社会声誉越高、信息不对称程度越低，债务融资成本相对越低，企业对股权融资的依赖程度也相对更低。企业的资产负债率越高，企业参与股权融资的概率越高。资产负债率和资本结构是企业经营中需要考虑的重要因素。一方面，一定程度的负债水平能够形成对企业经理人的有效监督，避免经理人实施滥用企业资金的行为，提高企业经营效率；另一方面，过高的负债水平可能会增加企业的财务风险，甚至导致企业破产。大量研究表明，企业往往存在一个潜在的最优负债水平，当企业负债水平过高的时候，通过股权融资能够低成本、迅速地调整企业的负债水平与资本结构，因此，负债水平越高，企业参与股权融资的概率越高。上市年限越长，企业参与股权融资的概率越低，其中的原因可能是多方面的。首先，股权融资是为企业提供大量资金、满足企业投资需求的重要方式。上市初期的企业往往具有大量有价值的投资机会，因而有更强的动机参与股权融资，并将募集的资金用于有价值的投资项目。随着企业上市年限的增加，企业越发成熟，大量的投资机会已经实现，企业潜在的投资机会相对变少，因此，成熟企业参与股权融资的概率显著更低。其次，随着企业上市年限的增加，企业更加成熟，而成熟企业具有更为健全的内部资本市场，会更多地依靠内源融资的方式，减少外源融资。企业的资产回报率越高，企业的股权融资概率越高。原因如下：企业的资产回报率越高，表明企业的发展势头越好，企业的盈利能力越强，企业越有动机通过股权融资募集更多的资金，并投入有价值的投资项目。企业的真实成长机会越大，企业参与股权融资的概率越高。原因如下：企业的真实成长机会越大，企业潜在的、有价值的投资项目越多，企业越有动机参与更多的股权融资，为潜在的投资项目募集资金。

（2）股市错误定价与企业股权融资规模

在单变量分析中，我们的研究发现股市错误定价会影响企业的股权融资概率与股权融资规模。在前一部分的分析中，我们运用多元回归的方式检验了股市错误定价对企业股权融资概率的影响。在该部分中，我们将继续运用多元回归的方式，利用回归方程（3–6）进一步检验股市错误定价对企业股权融资规模的影响，并将回归结果汇报在表3–5中。

表3–5 股市错误定价与企业股权融资规模

	（1）	（2）	（3）	（4）
	Relative_Size			
Mis	0.014***	0.019***	0.087***	0.106***
	[9.64]	[10.22]	[6.77]	[7.66]
Asset		–0.001***		0.000
		[–8.84]		[0.08]
Leverage		0.051***		–0.072
		[7.17]		[–1.44]
Ln_Age		–0.002*		0.036***
		[–1.89]		[6.17]
ROA		0.048**		–0.828***
		[2.56]		[–5.40]
Top1		–0.000*		–0.000
		[–1.67]		[–0.53]
True_Growth		0.012***		0.095***
		[9.43]		[8.39]

续表

	(1)	(2)	(3)	(4)
	Relative_Size			
_cons	−0.015***	−0.028***	0.238***	0.200***
	[−3.09]	[−3.89]	[4.70]	[3.71]
Industry/Year	Yes	Yes	Yes	Yes
N	33385	23970	3233	2891
R–sq	0.032	0.039	0.068	0.170

注：*表示10%水平上显著（p<0.1），**表示5%水平上显著（p<0.05），***表示1%水平上显著（p<0.01）。

在方程（3–6）中，被解释变量*Relative_Size*为股权融资的相对规模，即企业该年度股权融资规模除以企业上一期期末资产规模。主要的解释变量*Mis*为虚拟变量，如果企业存在股价高估的情况，则解释变量*Mis*取1，否则取0。除此之外，我们还控制了一系列企业层面影响股权融资规模的变量，以及行业、年度固定效应。在列（1）、列（2）中，我们的回归样本包含了所有观测值，具体而言，对于该年度没有参与股权融资的企业，我们将其被解释变量*Relative_Size*赋值为0，而在列（3）、列（4）中，我们的回归样本只包含了该年度参与了股权融资的企业。因此，从样本量来看，列（3）、列（4）的样本量显著小于列（1）、列（2）的样本量。在列（1）、列（3）中，我们仅加入了度量股市错误定价的虚拟变量*Mis*以及行业、年度固定效应，列（2）、列（4）则在列（1）、列（3）的基础上，进一步加入了企业层面的控制变量。

通过观察回归结果可以发现，在列（1）至列（4）中，度量企业股票错误定价的虚拟变量*Mis*均为正，且均在1%的水平上显著。以列（4）的回归结果为例，*Mis*的系数为0.106，在1%的水平上显著。其经济意义是，当股价存在低估的时候，企业股权融资的规模约为企业上一期期末资产规模的17.2%，而当股价存在高估的时候，企业的股权融资规模上升至27.8%，上升了约61.6%，这表明股市错误定价对企业股权融资规模的影响不仅在统计意义上显著，在经济意义上也十分显著。表3–5的回归结果证实了假设3–2。

在控制变量方面，所得到的结论也与已有研究的结论相一致。企业的上市年限越长，企业的股权融资规模越大，这是因为企业的上市年限越长，市场掌握的与企业有关的信息越多，投资者与企业内部人员之间的信息不对称程度越低，企业更容易通过股权融资的方式获得更大规模的资金。企业的资产回报率越高，企业的股权融资规模越小，这是因为企业的资产回报率越高，表明企业的盈利能力越强，企业内部产生的现金流越多，这在一定程度上为企业提供了资金支持，企业需要的外部融资规模就相对较小。企业的真实成长机会越大，企业的股权融资规模越大，这是因为企业的真实成长机会反映了企业潜在的投资机会，真实成长机会越大，企业潜在的、有价值的投资机会越多，企业越有动机通过股权融资募集更大规模的资金，为潜在的投资机会提供资金支持。

（3）股市错误定价、产权性质与企业股权融资

在前文的单变量分析与多元回归分析中，我们检验了股市错误定价对企业股权融资概率、股权融资规模的影响，结果显示，股市错误定价是影响企业股权融资的一个重要因素，在股价高估阶段，企业参与股权融资的概率更高、股权融资规模更大。除此之外，本章的理论分析指出，国有企业与民营企业之间的种种差异，可能导致二者股权融资行为对股市错误定价的不同反应程度。首先，民营企业的市场择时动机较强。国有企业与民营企业的融资能力与所面临的融资约束不同，民营企业的融资约束较强，因而有更强的动机利用股价高估、融资约束缓解的时机，参与更多的股权融资，并为企业的投资项目筹措资金。其次，民营企业的市场择时能力较强。民营企业的高管多为职业经理人，他们能够准确地评估企业的真实价值，并判断企业股价是否存在高估的状况，因此，民营企业家可能更加善于利用资本市场的错误定价，市场择时能力更强。再次，民营企业的市场择时激励较强。由于在股价高估阶段参与股权融资，能够以高于股票真实价值的价格将其出售给外部投资者，进而为企业现有的股东谋求利益，而民营企业的高管往往持有企业一定规模的股票，并受到较高程度的股权激励，因此，民营企业高管利用股价高估参与股权融资，为现有股东和自己谋求经济利益的动机显著更强，民营企业的市场择时激励更强。最后，国有企业与民营企业的行业分布不同。国有企业更多聚集在传统行业，而民营企业更多聚集在高新技术行业。高新技术企业具有信息不对称程度高、可用于抵押的实物资产少等特征，意味着高新技术企业有着更强的股权融资依赖，这也可能进一步导致国有企业与民营企业股权融资行为对股市错误定价的不同反应。在该部分中，我们先从整体上探讨国有企业与民营企业的股权融资行为是否对股市错误定价有着不同的反应程度，然后进一步研究背后的逻辑与原因。

为了区分国有企业与民营企业股权融资行为对股市错误定价的不同反应，我们对回归方程（3–5）和（3–6）进行了一定程度的变形。具体而言，我们在回归方程（3–5）和（3–6）中进一步加入了虚拟变量 *SOE*，以及 *Mis* 与 *SOE* 的交互项 *Mis_SOE*，得到了回归方程（3–7）和（3–8）。我们将回归结果报告在表3–6中。

$$\begin{aligned} If\_SEO_{i,t} = {} & \alpha + \beta_1 Mis_{i,t-1} + \beta_2 SOE_{i,t-1} + \beta_3 Mis\_SOE_{i,t-1} \\ & + \beta_4 Controls_{i,t-1} + \beta_5 \sum Ind + \beta_6 \sum Year + \varepsilon \end{aligned} \tag{3–7}$$

$$\begin{aligned} Relative\_Size_{i,t} = {} & \alpha + \beta_1 Mis_{i,t-1} + \beta_2 SOE_{i,t-1} + \beta_3 Mis\_SOE_{i,t-1} \\ & + \beta_4 Controls_{i,t-1} + \beta_5 \sum Ind + \beta_6 \sum Year + \varepsilon \end{aligned} \tag{3–8}$$

表3-6 股市错误定价、产权性质与企业股权融资

	(1)	(2)	(3)	(4)	(5)	(6)
		If_SEO			Relative_Size	
Mis	0.530***	0.529***	0.236***	0.073***	0.062***	0.098***
	[19.02]	[17.02]	[6.77]	[4.86]	[3.95]	[5.08]
SOE	0.021	−0.061	−0.017	−0.052***	−0.043***	−0.053***
	[0.62]	[−1.62]	[−0.41]	[−3.62]	[−2.92]	[−3.20]
Mis_SOE	−0.173***	−0.170***	−0.102**	−0.026	0.005	0.011
	[−4.08]	[−3.69]	[−2.10]	[−1.43]	[0.28]	[0.56]
Asset		0.004	−0.007**		−0.001	−0.000
		[1.39]	[−2.20]		[−1.12]	[−0.04]
Leverage		0.877***	1.272***		−0.075	−0.070
		[15.03]	[19.15]		[−1.53]	[−1.40]
Ln_Age		−0.042***	−0.102***		0.044***	0.044***
		[−3.01]	[−6.81]		[7.25]	[6.91]
ROA		2.193***	2.493***		−0.777***	−0.847***
		[11.71]	[11.69]		[−5.11]	[−5.55]
Top1		−0.002***	−0.001		0.000	0.000
		[−3.14]	[−0.67]		[0.61]	[0.37]
True_Growth		0.022	0.046***		0.093***	0.091***
		[1.59]	[2.73]		[8.25]	[8.37]
_cons	−1.559***	−1.797***	−3.106***	0.232***	0.185***	0.220***
	[−65.95]	[−33.29]	[−18.86]	[18.57]	[5.21]	[3.98]

续表

	(1)	(2)	(3)	(4)	(5)	(6)
	If_SEO			Relative_Size		
Industry/Year	No	No	Yes	No	No	Yes
N	30610	24253	23970	3202	2906	2891
R-sq	0.027	0.044	0.095	0.027	0.139	0.175

注：*表示10%水平上显著（$p<0.1$），**表示5%水平上显著（$p<0.05$），***表示1%水平上显著（$p<0.01$）。

表3-6中列（1）至列（3）对应回归方程（3-7），列（4）至列（6）对应回归方程（3-8）。在列（1）至列（3）中，被解释变量为虚拟变量*If_SEO*，即企业在该年度是否参与了股权融资，如果企业在该年度参与了股权融资，则被解释变量*If_SEO*取1，否则取0。在列（1）中，我们只加入了虚拟变量*Mis*、*SOE*和交互项*Mis_SOE*，列（2）在列（1）的基础上加入了企业层面的控制变量，列（3）则在列（2）的基础上进一步加入了行业、年度固定效应。通过观察可以发现，*Mis*的系数在列（1）至列（3）中均显著为正，这表明存在股价高估的企业参与股权融资的概率显著更高，这与前文的研究结论相一致。该部分，我们将着重关注变量*Mis_SOE*，*Mis_SOE*的系数代表了国有企业与民营企业股权融资行为对股市错误定价反应程度的差异。通过观察可以发现，交互项*Mis_SOE*在列（1）至列（3）中均显著为负，以列（3）的回归结果为例，*Mis_SOE*的系数为-0.102，且在5%的水平上显著。该回归方程的经济意义是：对民营企业而言，在股价低估的时候参与股权融资的概率为9.8%，而在股价高估的时候参与股权融资的概率上升至14.2%，上升了44.9%；对国有企业而言，在股价低估的时候参与股权融资的概率为9.6%，而在股价高估的时候参与股权融资的概率上升至11.9%，上升

了24.0%。总结起来，无论是国有企业还是民营企业，二者在股价高估阶段参与股权融资的概率均显著上升，但这一现象在民营企业中更为明显。

在列（4）至列（6）中，被解释变量为*Relative_Size*，即企业该年度的股权融资规模除以企业上一期期末资产规模。在回归中，我们剔除了没有参与股权融资的样本，只包含该年度参与了股权融资的观测样本。类似地，在列（4）中，我们只加入虚拟变量*Mis*、*SOE*和交互项*Mis_SOE*，列（5）在列（4）的基础上加入了企业层面的控制变量，列（6）则在列（5）的基础上进一步加入了行业、年度固定效应。通过观察可以发现，*Mis*的系数在列（4）至列（6）中均显著为正，这表明存在股价高估的企业，其股权融资规模显著更高，这与前文的研究结论相一致。除此之外，我们发现，虚拟变量*SOE*的系数在列（4）至列（6）中均显著为负，这表明对于国有企业而言，其股权融资规模显著小于民营企业。有两方面的原因可能会造成这一结果：首先，国有企业能够获得持续、稳定的债务融资，因此，国有企业对股权融资的依赖程度相对而言低于民营企业；其次，国有企业与民营企业的体量不同，平均而言，国有企业的资产规模大于民营企业，这使得被解释变量*Relative_Size*的分母在国有企业中相对更大，这同样可能造成回归所示的结果。而我们重点关注的交互项*Mis_SOE*在列（4）至列（6）中均不显著，这表明股市错误定价对国有企业与民营企业股权融资规模的决策似乎有着相似的影响方式。

表3-6的回归结果部分证实了假设3-3。但国有企业与民营企业股权融资行为对股市错误定价反应的差异，仅仅表现在股权融资概率上，而在股权融资规模上不存在显著的差异。因此，在随后的研究中，我们将研究重点放在股权融资概率上。

3.5 机制分析

在前文中，我们分别对全样本、民营企业样本、国有企业样本进行了研究。研究指出，无论是国有企业还是民营企业，其股权融资行为均会受到股市错误定价的影响。具体而言，在股价高估阶段，企业参与股权融资的概率更高、股权融资规模更大。而通过区分产权性质，对国有企业与民营企业进一步的研究则显示，即便国有企业与民营企业的股权融资行为均会对股市错误定价做出反应，但二者的反应程度存在显著的差异，并且这种差异主要表现在股权融资概率上。对于民营企业而言，在股价高估阶段参与股权融资的概率上升了44.9%，而国有企业在股价高估阶段参与股权融资的概率仅仅上升了24.0%，这种差异在统计意义与经济意义上均十分显著。那么究竟是国有企业与民营企业之间的何种差异，导致了二者股权融资行为对股市错误定价的不同反应？我们在该部分将对这一问题进行深入的探讨。

3.5.1 融资约束与择时动机

融资约束是影响企业股权融资行为对股市错误定价反应程度的一个重要因素。一方面，对于面临融资约束的企业而言，其往往具有因融资约束而无法实现的、具有正NPV的投资项目，一旦股价走高，面临融资约束的企业就有动机参与更高频率的股权融资，为这些潜在的投资项目募集资金；另一方面，即便企业不存在因融资约束而被搁置的投资项目，出于预防性动机，面临融资约束的企业仍有动机在股价高估阶段参与更多的股权融资，提前为今后的投资项目筹集资金。大量研究股市错误定价对企业股权融资行为影响的文献也证实了这一猜想。Baker 等（2003）运用KZ指数度量了企业的融资约束，研究发现，相较于不面临融资约束的企业而言，面临融资约束企业的股权融资行为和投资行为对股市错误定价有着更高的敏感性。Campello 和 Graham（2013）运用企业资产规模、股利政策、债务评级等度量了企业的融资约束水平，研究发现，在科技泡沫期间，面临融资约束的非科技公司参与了更多的股权融资，而这一现象在不面临融资约束的非科技公司中并不显著。李君平和徐龙炳（2015）则检验了中国资本市场中股市错误定价、融资约束与企业融资行为之间的关系，研究指出，无论企业是否面临融资约束，企业均倾向于在股价高估的时期参与更多的股权融资。

国有企业与民营企业的一个重要差异在于二者的融资能力与所面临的融资约束不同（祝继高和陆正飞，2011；刘运国等，2010）。无论经济走强还是走弱、股市看涨还是看跌，国有企业一般都能够很快获得融资。而民营企业则不一样，由于中国的资本市场仍然处于发展阶段，存在市场机制尚不健全、信息透明程度不高、对企业高管和大股东的监管力度仍有不足等问题，民营企业往往难以获得充足的融资，部分民营企业的日常生产经营受到融资约束的影响。除此之外，在部分稀缺资源的分配上，国有企业占据一定优势，这进一步加剧了国有企业与民营企业融资能力与融资约束的差异。相较于国有企业而言，民营企业的融资能力较弱、融资约束较强，那么民营企业利用股价高估、融资约束缓解的时机进行股权融资的动机是否会显著强于国有企业？

我们根据Hadlock 和 Pierce（2009）的做法，构造了刻画企业融资约束程度的SA指数：$-0.737\times Size+0.043\times Size^2-0.04\times Age$。当企业的$SA$指数高于中位数时，我们将其定义为融资约束企业，虚拟变量$Constrain$取1；当企业的SA指数低于中位数时，虚拟变量$Constrain$取0。除此之外，我们还构造了Mis与$Constrain$的交互项$Mis_Constrain$。我们在回归方程（3-5）的基础上加入了虚拟变量$Constrain$和交互项$Mis_Constrain$，形成了回归方程（3-9），并将结果汇报在表3-7中。

表 3-7 融资约束与市场择时动机

	(1)	(2)	(3)	(4)	(5)	(6)
	If_SEO					
	全样本	国有企业样本	民营企业样本	全样本	国有企业样本	民营企业样本
Mis	0.149***	0.129*	0.109**	0.274***	0.211	0.205**
	[3.82]	[1.83]	[2.28]	[3.59]	[1.48]	[2.21]
Constrain	-0.062	-0.050	-0.109*	-0.102	-0.082	-0.194
	[-1.45]	[-0.76]	[-1.79]	[-1.19]	[-0.61]	[-1.62]
Mis_Constrain	0.083*	0.114	0.136**	0.155	0.239	0.248*
	[1.71]	[1.41]	[2.03]	[1.63]	[1.49]	[1.94]
Asset	-0.008**	-0.010**	-0.001	-0.013**	-0.017**	-0.002
	[-2.36]	[-2.21]	[-0.28]	[-2.21]	[-2.08]	[-0.24]
Leverage	1.286***	1.400***	1.257***	2.322***	2.636***	2.216***
	[19.37]	[12.33]	[15.01]	[18.92]	[12.10]	[14.69]
Ln_Age	-0.116***	-0.105***	-0.095***	-0.223***	-0.196***	-0.182***
	[-8.08]	[-3.75]	[-5.02]	[-8.43]	[-3.74]	[-5.27]
ROA	2.525***	2.489***	2.488***	4.496***	4.587***	4.314***

续表

	(1)	(2)	(3)	(4)	(5)	(6)
	If_SEO					
	全样本	国有企业样本	民营企业样本	全样本	国有企业样本	民营企业样本
ROA	[11.57]	[6.77]	[9.26]	[11.12]	[6.56]	[8.82]
Top1	-0.001	-0.001	-0.000	-0.002	-0.001	-0.001
	[-1.47]	[-0.62]	[-0.19]	[-1.55]	[-0.48]	[-0.33]
True_Growth	0.054***	0.050**	0.064**	0.104***	0.106**	0.110**
	[2.92]	[2.05]	[2.26]	[3.04]	[2.27]	[2.18]
_cons	-3.051***	-2.954***	-3.342***	-5.893***	-5.684***	-6.653***
	[-18.62]	[-13.13]	[-11.48]	[-15.14]	[-11.32]	[-8.80]
Industry/Year	Yes	Yes	Yes	Yes	Yes	Yes
N	23970	10777	13134	23970	10777	13134
pseudo R-sq	0.095	0.085	0.105	0.094	0.084	0.104

注：*表示10%水平上显著（p<0.1），**表示5%水平上显著（p<0.05），***表示1%水平上显著（p<0.01）。

$$If\_SEO_{i,t}=\alpha+\beta_1 Mis_{i,t-1}+\beta_2 Constrain_{i,t-1}+\beta_3 Mis\_Constrain_{i,t-1} +\beta_4 Controls_{i,t-1}+\beta_5\sum Ind+\beta_6\sum Year+\varepsilon \quad (3\text{-}9)$$

在表3-7中，列（1）至列（3）为Probit回归的结果，列（4）至列（6）为Logit回归的结果。除此之外，为了检验产权性质的作用，我们采用了分样本回归的方法，其中列（1）、列（4）为全样本的回归结果，列（2）、列（5）为国有企业样本的回归结果，列（3）、列（6）为民营企业样本的回归结果。

观察列（1）至列（3）可以发现，度量企业股票错误定价的虚拟变量*Mis*在列（1）至列（3）中均显著为正，这表明面临股价高估的企业参与股权融资的概率显著上升。在列（1）中，交互项*Mis_Constrain*显著为正，这表明面临融资约束的企业，在股价高估阶段参与股权融资的概率显著高于不面临融资约束的企业，这也与已有研究的结论相一致（Baker等，2003；李君平和徐龙炳，2015）。进一步地，我们根据产权性质，分别对国有企业样本、民营企业样本进行回归。列（2）国有企业样本的回归结果显示：首先，*Constrain*的系数并不显著，这表明融资约束并不会限制国有企业的股权融资行为；其次，交互项*Mis_Constrain*并不显著，这表明对于国有企业而言，无论是否面临融资约束，其对股价高估均有着类似的反应方式与程度。列（3）民营企业样本的回归结果则显示：首先，*Constrain*的系数显著为负，这表明融资约束在一定程度上抑制了民营企业的股权融资行为；其次，交互项*Mis_Constrain*显著为正，这表明对于民营企业而言，融资约束是影响其股权融资行为对股市错误定价反应程度的一个重要因素，民营企业在股价高估阶段倾向于参与更高频率的股权融资，且这种现象在面临融资约束的民营企业中更为显著。具体而言，对于不面临融资约束的民营企业而言，其在股价低估阶段参与股权融资的概率约为12.5%，在股价高估阶段参与股权融资的概率上升至

14.6%，上升了16.8%；而对于面临融资约束的民营企业而言，其在股价低估阶段参与股权融资的概率约为10.6%，在股价高估阶段参与股权融资的概率上升至15.2%，上升了43.4%。

表3–7的回归结果显示，在股市错误定价对企业股权融资行为的影响中，融资约束起到了重要的作用，且这种作用在国有企业样本和民营企业样本中存在显著的差异。对于国有企业样本而言，无论是否面临融资约束，企业都会在股价高估阶段参与更多的股权融资，且这种效果不受企业融资约束的影响；而对于民营企业样本而言，无论是否面临融资约束，企业都会在股价高估阶段参与更多的股权融资，且这种现象在面临融资约束的民营企业样本中更为显著。国有企业与民营企业融资约束的差异意味着二者有着不同的市场择时动机，这进一步导致了二者股权融资行为对股市错误定价的不同反应程度。该部分的回归结果证实了假设3–4。

3.5.2 高管背景特征与择时能力

市场择时理论指出，企业会根据股票的错误定价，调整其股权融资等一系列财务政策。在股价高估的时期，企业会进行更多的股权融资，在这个时候发行股票可以将资产以高于其真实价值的价格出售给外部投资者，进而为企业现有的投资者谋求经济利益。而这一行为的前提条件则是企业经理人能够准确地判断企业的真实价值，评估企业真实价值与市场价格之间的关系。大量研究指出，相较于外部投资者而言，企业经理人拥有更多关于企业真实价值的信息（Bettis 等，2000；曾庆生，2008；曾庆生和张耀中，2012）。因此，经理人能够更为准确地评估企业的真实价值，并判断企业是否存在股价高估的状况。民营企业的经理人往往是职业经理人，很多民营企业经理人更是长期在一家企业工作，经历了企业从初创到发展壮大的全过程，对企业的经营状况十分了解，因此，民营企业的经理人往往可以更好地评估企业的真实价值与股价高估状况，这可能会导致民营企业更强的择时能力。

为了验证这一潜在的原因，我们对股市错误定价（股价高估*Mis*）进行了进一步的划分，将其区分为股价高估程度较高的样本（*High*）和股价高估程度较低的样本（*Low*）。具体而言，我们对存在股价高估的样本按照中位数进行划分，对于股价高估程度高于中位数0.4454的样本，将其定义为股价高估程度较高的样本，虚拟变量*High*取1；对于股价高估程度大于0且小于0.4454的样本，将其定义为股价高估程度较低的样本，虚拟变量*Low*取1。除此之外，我们还构造了*High*与*SOE*的交互项*High_SOE*，以及*Low*与*SOE*的交互项*Low_SOE*，并将其加入到回归方程（3–5）中，得到了回归方程（3–10）。具体的回归方程如下：

$$If\_SEO_{i,t} = \alpha + \beta_1 High_{i,t-1} + \beta_2 SOE_{i,t-1} + \beta_3 High\_SOE_{i,t-1} + \beta_4 Low_{i,t-1} + \beta_5 Low\_SOE_{i,t-1} + \beta_6 Controls_{i,t-1} + \beta_7 \sum Ind + \beta_8 \sum Year + \varepsilon \quad (3\text{–}10)$$

我们认为，如果国有企业经理人同民营企业经理人存在择时能力的差异，那么这种情况更可能发生在股价高估程度较低的时候。在这种情况下，股价偏离真实价值的程度较小，只有对企业经营状况与真实价值有着更为精确评估能力的企业才能够对股市错误定价做出反应。而当股价高估程度较高的时候，即便对企业的真实经营状况不是十分了解，也能够在一定程度上发现企业股价存在高估，例如，在大盘整体上行、股市暴涨的时候，即便经理人对企业的真实价值不能够做出准确的评估，也能够在一定程度上判断企业股价存在高估。因此，即便国有企业与民营企业经理人的择时能力存在差异，二者也均能够判断较高程度的股价高估，并做出相近的反应。我们将回归结果汇报在表3–8中。

在表3–8列（1）中，我们加入了虚拟变量*Low*、*High*、*SOE*，以及交互项*Low_SOE*、*High_SOE*。其中，当企业存在较高程度的股价高估时，虚拟变量*High*取1；当企业存在较低程度的股价高估时，虚拟变量*Low*取1。列（2）在列（1）的基础上加入了企业层面的控制变量，列（3）则在列（2）的基础上进一步加入了行业、年度固定效应。通过观察可以发现，列（1）至列（3）中，度量企业股票错误定价程度的虚拟变量*High*与*Low*均显著为正，且变量*High*的系数均高于*Low*，这表明当股价存在高估的时候，企业参与股权融资的概率更高，且股价高估程度越高，企业参与股权融资的概率越高。观察交互项*Low_SOE*与*High_SOE*可以发现，交互项*Low_SOE*在列（1）中显著为负，但在加入企业层面的控制变量以及行业、年度固定效应以后，*Low_SOE*的系数虽依然为负，却变得不再显著了。而交互项*High_SOE*的系数在列（1）至列（3）中均显著为负，这表明对于低程度的股价高估而言，国有企业与民营企业的反应不存在显著的差异，而对于高程度的股价高估而言，国有企业的反应则显著弱于民营企业。这在一定程度上拒绝了假设3-5，即国有企业经理人的择时能力并不弱于民营企业经理人，表明随着国有企业改革的持续深入，国有企业的高管已经具备了高水平职业经理人的能力。

表3-8　高管背景特征与择时能力

	（1）	（2）	（3）
		If_SEO	
Low	0.420***	0.427***	0.213***
	[12.81]	[11.73]	[5.44]
SOE	0.021	–0.060	–0.016
	[0.62]	[–1.58]	[–0.39]
Low_SOE	–0.087*	–0.089	–0.079
	[–1.72]	[–1.64]	[–1.40]

续表

	(1)	(2)	(3)
		If_SEO	
High	0.613***	0.608***	0.259***
	[20.06]	[17.75]	[6.68]
High_SOE	−0.234***	−0.226***	−0.120**
	[−4.81]	[−4.26]	[−2.14]
Asset		0.004	−0.007**
		[1.42]	[−2.18]
Leverage		0.882***	1.271***
		[15.11]	[19.13]
Ln_Age		−0.042***	−0.102***
		[−3.05]	[−6.81]
ROA		2.213***	2.492***
		[11.90]	[11.72]
Top1		−0.002***	−0.001
		[−3.15]	[−0.68]
True_Growth		0.027*	0.047***
		[1.93]	[2.78]
_cons	−1.559***	−1.802***	−3.109***
	[−65.95]	[−33.37]	[−18.87]
Industry/Year	No	No	Yes
N	30610	24253	23970
pseudo R-sq	0.030	0.046	0.096

注：*表示10%水平上显著（p<0.1），**表示5%水平上显著（p<0.05），***表示1%水平上显著（p<0.01）。

那么，为什么国有企业与民营企业之间会表现出这种形式的差异？一个可能的解释是，国有企业与民营企业都能够准确地评估企业的真实价值与股价高估状况，并对股市错误定价做出反应，但民营企业对高程度股价高估的反应过于激进，而国有企业的反应则相对稳健。单从股权融资的角度，我们无法判断这一假设的正确性，在下一章的分析中，我们将进一步研究股市错误定价时期企业的投资行为，对企业投资行为的研究以及投资效率的评估能够在一定程度上帮助我们回答这一问题。

3.5.3 股权激励与择时激励

股权激励是企业常用的激励手段。当企业高管持有企业股权的时候，企业高管的收益与企业价值挂钩，企业高管有动机投入更多的精力，以期达到提高企业经营效率、提升企业市场价值和股权价值的目的。我们根据产权性质对企业进行分类，分别统计了国有企业与民营企业前三大高管的持股数量与持股比例，并将统计结果报告在表3–9中。统计结果显示，民营企业前三大高管平均持有企业3095万股的股票，占总股本的8.79%，而国有企业前三大高管平均仅持有企业109万股的股票，占总股本的0.21%。国有企业与民营企业高管受到的股权激励存在着显著的差异。

表3–9 产权性质与高管股权激励

	持股数量/万股	持股比例/%
民营企业	3095	8.79
国有企业	109	0.21

正如前文中提到的，在股价高估阶段，企业可以将股票以高于其真实价值的价格出售给外部投资者，这意味着企业现有的股东能够从中获得收益。当经理人自身持有大规模企业股权的时候，在股价高估阶段进

行股权融资，意味着经理人持有股权价值的上升。因此，经理人持股数量越高，企业在股价高估阶段参与股权融资的择时激励应该越强。而国有企业与民营企业经理人持有的股权数量、受到的股权激励的差异可能导致二者不同的择时激励，进而导致二者股权融资行为对股市错误定价的不同反应。

为了验证这一潜在原因，我们定义变量*Share*，*Share*为企业前三大高管持股数量占总股本的比例，并构造*Mis*与*Share*的交互项*Mis_Share*。我们将变量*Share*和*Mis_Share*加入到回归方程（3–5）中，并得到了该部分的回归方程（3–11），具体的回归方程如下：

$$
\begin{aligned}
If\_SEO_{i,t} = {} & \alpha + \beta_1 Mis_{i,t-1} + \beta_2 Share_{i,t-1} + \beta_3 Mis\_Share_{i,t-1} \\
& + \beta_4 Controls_{i,t-1} + \beta_5 \sum Ind + \beta_6 \sum Year + \varepsilon
\end{aligned}
\tag{3–11}
$$

我们将回归结果汇报在表3–10中。其中，被解释变量为虚拟变量*If_SEO*，如果企业在该年度参与了股权融资，则被解释变量取1，否则取0。在列（1）中，我们对全样本进行回归，在列（2）中，我们对民营企业样本进行回归，在列（3）中，我们对国有企业样本进行回归。观察列（1）可以发现，*Mis*的系数显著为正，这表明企业有动机在股价高估阶段参与更多的股权融资，这与前文的研究结论相一致。除此之外，*Mis_Share*的系数为0.605，在5%的水平上显著为正，这表明当股价存在高估的时候，企业前三大高管的持股比例越高，企业参与股权融资的概率也越高。具体而言，在股价存在高估的时候，当前三大股东持股比例从第75百分位上升至第90百分位后，企业参与股权融资的概率从13.0%上升至13.9%，上升了6.9%，当前三大股东持股比例进一步上升至第95百分位后，企业参与股权融资的概率进一步上升至15.1%，上升了8.6%（相较于第75百分位而言）。

在分样本回归中，我们发现在列（2）民营企业样本中，虚拟变量

*Mis*和交互项*Mis_Share*的系数同样显著为正，具体而言，当股价存在高估的时候，前三大股东持股比例位于第75分位数、第90分位数、第95分位数的民营企业，参与股权融资的概率依次为14.8%、16.0%和16.8%，依次上升了8.1%和5.0%。而在列（3）国有企业样本中，虚拟变量*Mis*的系数依然显著为正，但交互项*Mis_Share*的系数变得不再显著，这表明在股权激励较弱的国有企业中，企业的股权融资行为不受高管持股比例的影响。

表3-10的结果表明，股权激励的差异导致了国有企业与民营企业不同的择时激励，进而导致了民营企业股权融资行为对股市错误定价的反应程度显著强于国有企业。在股价高估阶段，企业可以通过股权融资的方式，将股票以高于其真实价值的价格出售给外部投资者，进而为企业现有的股东谋求利益。当企业高管持有较大规模、较大比例的股权时，在股价高估阶段进行股权融资能够为企业高管带来更高的财富收益。然而，国有企业与民营企业高管的股权激励不同，这也进一步导致了国有企业与民营企业股权融资行为对股市错误定价的不同反应方式。该部分的回归结果证实了假设3-6。

表3-10　股权激励与择时激励

	（1）	（2）	（3）
		If_SEO	
	全样本	民营企业样本	国有企业样本
Mis	0.179***	0.143***	0.212***
	[6.07]	[3.41]	[4.97]
Share	−0.239	−0.201	1.409
	[−1.08]	[−0.87]	[0.65]
Mis_Share	0.605**	0.467*	−0.605

续表

	(1)	(2)	(3)
	If_SEO		
	全样本	民营企业样本	国有企业样本
Mis_Share	[2.53]	[1.85]	[-0.21]
Asset	-0.010***	-0.005	-0.011**
	[-2.79]	[-0.87]	[-2.46]
Leverage	1.302***	1.300***	1.383***
	[18.84]	[14.82]	[11.87]
Ln_Age	-0.109***	-0.093***	-0.104***
	[-6.93]	[-4.62]	[-3.50]
ROA	2.465***	2.435***	2.484***
	[11.11]	[8.96]	[6.52]
Top1	-0.001	-0.000	-0.000
	[-1.16]	[-0.28]	[-0.22]
True_Growth	0.058***	0.075***	0.048**
	[3.18]	[2.71]	[2.00]
_cons	-3.088***	-3.395***	-2.973***
	[-18.30]	[-11.46]	[-12.56]
Industry/Year	Yes	Yes	Yes
N	22753	12618	10077
pseudo R-sq	0.097	0.105	0.086

注：*表示10%水平上显著（p<0.1），**表示5%水平上显著（p<0.05），***表示1%水平上显著（p<0.01）。

3.5.4 行业特征

国有企业与民营企业在行业分布上有着显著的差异。国有企业更多分布在传统行业，民营企业则更多分布在高新技术行业，随着创业板、科创板等一系列板块的推出，大量民营高新技术企业得以上市。

相较于传统行业企业而言，高新技术企业存在的以下特征，可能导致其对股市错误定价更强的反应程度。首先，相较于传统行业企业而言，高新技术企业可用于抵押的实物资产较少，高新技术企业无法像传统行业企业那样通过抵押的方式获得充足的债务融资；其次，相较于传统行业企业而言，高新技术企业的信息不对称程度较高，对高新技术企业资产价值进行评估的难度大于传统行业企业；最后，高新技术企业往往处于发展的初期，企业内部尚无法产生稳定、持续的现金流，而传统行业企业则相对成熟，其经营与发展轨迹相对稳定，内部产生的现金流也较为稳定。高新技术企业与传统行业企业之间的种种差异，导致高新技术企业面临着更强的融资约束和更为严重的股权融资依赖，企业内部产生的、不稳定的现金流难以满足企业持续的研发需求，企业有动机对股市错误定价做出积极的反应。在股价高估阶段，高新技术企业可能会更加积极地参与到股权融资活动中，并为企业的研发活动筹措资金。

2008年，科技部、财政部、国家税务总局发布了《高新技术企业认定管理办法》（国科发火〔2008〕172 号）及配套文件《高新技术企业认定管理工作指引》（国科发火〔2008〕362 号）。我们根据认定结果，定义变量 $Tech$，如果企业该年度被认定为高新技术企业，则变量 $Tech$ 取1，否则取0。此外，我们还构造了 Mis 与 $Tech$ 的交互项 Mis_Tech。我们将回归方程进一步变化为以下形式：

$$If\_SEO_{i,t} = \alpha + \beta_1 Mis_{i,t-1} + \beta_2 Tech_{i,t-1} + \beta_3 Mis\_Tech_{i,t-1} + \beta_4 Controls_{i,t-1} + \beta_5 \sum Ind + \beta_6 \sum Year + \varepsilon \quad (3\text{-}12)$$

我们将回归结果汇报在表3-11中。列（1）中加入了虚拟变量*Mis*、*Tech*以及二者的交互项*Mis_Tech*，列（2）在列（1）的基础上加入了企业层面的控制变量以及行业、年度固定效应，列（3）则在列（2）的基础上进一步加入了度量融资约束的控制变量*Constrain*。观察表3-11可以发现，在列（1）至列（3）中，*Mis*的系数均显著为正，这表明企业在面临股价高估的时候，会选择进行更多的股权融资，这与前文的研究结论相一致。除此之外，虚拟变量*Tech*的系数也均显著为正，这表明相较于非高新技术企业而言，高新技术企业参与股权融资的概率显著更高，这是因为高新技术企业的股权融资依赖程度更高。最后，交互项*Mis_Tech*同样显著为正，这表明高新技术企业的股权融资决策受股价高估的影响显著强于非高新技术企业。以列（2）的回归结果为例，对于非高新技术企业而言，其在股价低估阶段参与股权融资的概率约为10.3%，在股价高估阶段参与股权融资的概率约为12.9%，上升了约25.2%；而对于高新技术企业而言，其在股价低估阶段参与股权融资的概率约为12.4%，在股价高估阶段参与股权融资的概率约为17.1%，上升了约37.9%。可见，高新技术企业股权融资行为对股市错误定价的反应显著强于非高新技术企业。

表3-11　行业特征

	（1）	（2）	（3）
		If_SEO	
Mis	0.286***	0.147***	0.142***
	[8.77]	[3.98]	[3.81]

续表

	(1)	(2)	(3)
		If_SEO	
Tech	0.073**	0.116***	0.116***
	[2.49]	[3.40]	[3.40]
Mis_Tech	0.111***	0.070*	0.073*
	[3.19]	[1.84]	[1.90]
Constrain			−0.036
			[−1.16]
Asset		−0.004	−0.004
		[−0.98]	[−0.99]
Leverage		1.390***	1.398***
		[18.00]	[18.12]
Ln_Age		−0.093***	−0.090***
		[−5.74]	[−5.51]
ROA		1.921***	1.983***
		[8.12]	[8.19]
Top1		−0.001	−0.001
		[−1.35]	[−1.22]
True_Growth		0.095***	0.086***
		[4.68]	[3.97]
_cons	−1.387***	−2.206***	−2.199***
	[−51.48]	[−16.34]	[−16.29]

续表

	(1)	(2)	(3)
	If_SEO		
Industry/Year	No	Yes	Yes
N	19527	17045	17045
pseudo R-sq	0.016	0.068	0.068

注：*表示10%水平上显著（p<0.1），**表示5%水平上显著（p<0.05），***表示1%水平上显著（p<0.01）。

我们在理论部分的分析中指出，高新技术企业与传统行业企业相比，在融资能力与融资约束等方面存在显著的差异，那么行业间的差异是否仅仅反映了融资能力、融资约束的差异？为了消除这一顾虑，我们在列（3）的回归中进一步控制了度量企业融资约束程度的虚拟变量*Constrain*。回归结果显示，*Mis_Tech*的系数同样显著为正，这也进一步证实了我们的猜想，即融资约束的差异并不能完全解释高新技术企业与非高新技术企业对股市错误定价的不同反应，诸如股权融资依赖等其他原因，同样导致了二者对股市错误定价的不同反应，也进而造成了国有企业与民营企业对股市错误定价的不同反应程度。该部分的回归结果证实了假设3-7。

3.6 股市错误定价是否会影响企业的债务融资决策

前文的研究已经显示，股市错误定价会直接影响企业的股权融资概率与股权融资规模，且这种影响在不同产权性质的企业中存在显著的差别。与股权融资相类似，债务融资同样是中国上市企业的重要融资途径，那么，股市错误定价是否会影响企业的债务融资决策？我们有必要对这一问题进行简单的分析与回答。

从理论上讲，股市错误定价具有影响企业债务融资决策的可能性。首先，股票市场与债券市场存在极为紧密的联系，股票市场的错误定价会直接影响债券市场的融资成本，当股价存在高估、投资者情绪高涨的时候，股票市场中的投资者情绪会迅速蔓延到债券市场，企业债务融资的成本显著降低。其次，股市错误定价会直接影响企业的市场价值，进而影响企业凭借抵押获得债务融资的能力。然而，中国上市企业存在严重的股权融资偏好，当企业股权融资能力与债务融资能力同时上升的时候，企业对股权融资的需求可能会急剧上升，进而抑制了债务融资需求的上升。那么，股市错误定价是否会影响企业的债务融资决策？我们将对这一问题进行初步的回答。

借鉴已有文献的做法，我们定义变量总负债增长率*Debt_Incre*，该变量等于（当期负债总额-上期负债总额）/上期负债总额，并运用回归方程（3-13）研究股市错误定价对企业债务融资决策的影响。我们将回归结果报告在表3-12中。

$$Debt\_Incre_{i,t}=\alpha+\beta_1 Mis_{i,t-1}+\beta_2 Controls_{i,t-1}+\beta_3\sum Ind+\beta_4\sum Year+\varepsilon \tag{3-13}$$

表3-12中列（1）为全样本的回归结果，列（2）为国有企业样本的回归结果，列（3）为民营企业样本的回归结果。*Mis*的系数在列（1）至列（3）中均为正，但均不显著，这表明股市错误定价并没有显著地影响上市企业的债务融资决策。中国上市企业的股权融资偏好使得企业只利用了股市错误定价带来的股权融资便利，却忽视了并存的债务融资便利。

表3-12 股市错误定价与债务融资

	(1)	(2)	(3)
	Debt_Incre		
	全样本	国有企业样本	民营企业样本
Mis	0.097	0.173	0.090
	[0.70]	[0.57]	[1.31]
Asset	−0.015	−0.022	0.010
	[−0.85]	[−0.97]	[1.19]
Leverage	0.970	1.937*	0.198
	[1.60]	[1.65]	[0.41]
Ln_Age	0.040	0.107	0.062**
	[1.54]	[1.41]	[2.25]
ROA	−3.173*	−6.325	−1.100
	[−1.79]	[−1.59]	[−0.86]
Top1	0.002	0.003	0.000
	[0.62]	[0.55]	[0.09]
True_Growth	0.254*	0.324	0.212**
	[1.76]	[1.29]	[2.04]
_cons	−0.831*	−1.421*	−0.414
	[−1.91]	[−1.71]	[−1.10]
Industry/Year	Yes	Yes	Yes
N	20711	9679	11032
R-sq	0.008	0.015	0.007

注：*表示10%水平上显著（p<0.1），**表示5%水平上显著（p<0.05），***表示1%水平上显著（p<0.01）。

3.7 内生性检验与稳健性检验

3.7.1 内生性检验

在本章的研究中，我们虽然采用市账比分解的方法将市账比分解为度量股市错误定价程度的指标与度量企业真实成长机会的指标，并在回归中控制了企业的真实成长机会，但仍不能确保消除内生性问题对本章研究结论的影响。因此，为了进一步消除内生性问题对本章研究结论的影响，我们在本部分采用工具变量回归的方式对本章的研究结果进行检验。具体而言，我们采用的工具变量为同行业、同年度其他企业股票错误定价程度的平均值（*Mis_Mean*）与滞后期的企业股票错误定价程度。已有研究显示，不同企业间的股票错误定价程度是相互关联的，股价的波动也往往呈现出一定程度的市场同步性，且这种现象在同行业企业中更为显著。在牛市的时候，各个企业的股价普遍存在高估，而在熊市的时候，各个企业的股价则普遍存在低估。除此之外，同行业其他企业的股票错误定价程度与该企业的投融资决策不存在直接的关联，满足外生性要求。而采用滞后期的企业股票错误定价程度作为工具变量，是因为企业在不同时点的股价与股票错误定价程度存在较高的相关性，而滞后期的企业股票错误定价程度又能够在较大程度上满足外生性的要求。

对工具变量有效性的相关检验显示，Anderson canon. corr. LM statistic 为302.712，高度拒绝了识别不足的原假设，Cragg–Donald Wald F statistic为167.441，高度拒绝了弱工具变量的原假设，Sargan statistic的系数为0.309，表明工具变量是外生的。

我们将第二阶段的回归结果汇报在表3–13中。其中，列（1）至列

表3-13 内生性检验

	(1)	(2)	(3)	(4)	(5)	(6)
		If_SEO			Relative_Size	
	全样本	国有企业样本	民营企业样本	全样本	国有企业样本	民营企业样本
Mis	0.304***	0.180*	0.376***	0.169***	0.151***	0.152**
	[4.37]	[1.78]	[3.86]	[4.49]	[4.75]	[2.28]
Asset	–0.008**	–0.009**	–0.002	0.001	–0.003***	0.006*
	[–2.36]	[–2.08]	[–0.43]	[0.45]	[–2.63]	[1.83]
Leverage	1.329***	1.413***	1.312***	–0.058**	–0.126***	0.059
	[19.99]	[12.63]	[15.28]	[–1.99]	[–4.08]	[1.40]
Ln_Age	–0.128***	–0.108***	–0.110***	0.031***	0.027***	0.041***
	[–8.57]	[–3.60]	[–5.71]	[4.86]	[3.15]	[4.64]
ROA	2.578***	2.624***	2.509***	–0.845***	–0.443***	–1.178***
	[11.77]	[7.03]	[9.17]	[–8.52]	[–4.20]	[–8.27]
Top1	–0.001	–0.000	–0.000	–0.000	–0.000	0.001
	[–1.31]	[–0.35]	[–0.09]	[–0.36]	[–1.45]	[1.23]
True_Growth	0.055***	0.040*	0.071***	0.097***	0.041***	0.170***
	[3.40]	[1.86]	[2.78]	[12.42]	[6.60]	[11.54]

续表

	(1)	(2)	(3)	(4)	(5)	(6)
		If_SEO			Relative_Size	
	全样本	国有企业样本	民营企业样本	全样本	国有企业样本	民营企业样本
_cons	−3.133***	−3.034***	−3.437***	0.126**	0.191***	0.061
	[−18.28]	[−12.68]	[−12.06]	[2.15]	[3.19]	[0.70]
Industry/Year	Yes	Yes	Yes	Yes	Yes	Yes
N	23428	10616	12812	2756	1017	1739
−Log likelihood	17747.981	7777.7622	9891.0141			
Wald chi2	9437.08	3976.76	5406.65			
pseudo R−sq				0.157	0.242	0.202

注：*表示10%水平上显著（p<0.1），**表示5%水平上显著（p<0.05），***表示1%水平上显著（p<0.01）。

（3）检验了股市错误定价对不同产权性质企业股权融资概率的影响，列（4）至列（6）检验了股市错误定价对不同产权性质企业股权融资规模的影响。观察列（1）至列（3）可知，*Mis*的系数均显著为正，且列（3）民营企业样本的回归系数0.376显著大于列（2）国有企业样本的回归系数0.180。具体的经济意义是，对于国有企业而言，股价高估的样本企业参与股权融资的概率上升了约5.34%，而对于民营企业而言，股价高估的样本企业参与股权融资的概率上升了约8.47%。观察列（4）至列（6）可知，*Mis*的系数也均显著为正，且在国有企业样本、民营企业样本中分别为0.151和0.152，不存在显著的差异。该部分的实证结果显示，在使用工具变量回归的方式控制了内生性问题的情况下，本章的研究结论依然稳健。

3.7.2 稳健性检验

为了检验本章结论的可靠性，我们运用多种不同的方式对本章的回归结果进行了稳健性检验。

2005年的股权分置改革是中国资本市场发展中的重大事件。在进行股权分置改革之前，上市企业的股份分为流通股与非流通股，流通股的主要成分是社会公共股，而非流通股的主要成分为国有股和法人股。在这种背景下，国有股与法人股往往不能在交易所进行交易，企业大股东、高管对股价涨跌与股票估值水平关注不足，就股票的错误定价来调整企业投融资策略的可能性较低。股权分置改革顺利完成之后，股票得以全面流通，企业大股东、高管对股价的重视程度也有所上升，企业的股权融资行为也更可能对股票错误定价做出相应的反应。因此，为了确保研究结论的稳健性，我们将样本限定在股权分置改革完成之后的年份，即以2008年及以后的样本作为回归样本，并将结果报告在表3–14的列（1）、列（2）中。观察列（1）可知，*Mis*的系数为0.229，且在1%的水平上显著，这表明企业在股价高估阶段参与股权融资的概率显著上升，而交互项*Mis_SOE*的系数为-0.121，且在5%的水平上显著，这表明国有企业股权融资决策受股市错误定价的影响程度显著低于民营企业。观察列（2）可知，*Mis*的系数为0.108，且在1%的水平上显著，这表明企业在股价高估阶段的股权融资规模显著上升，而交互项*Mis_SOE*的系数仅为0.004，且并不显著，这表明股市错误定价对企业股权融资规模的影响在国有企业与民营企业样本之间不存在显著的差异。将样本限定在股权分置改革完成之后的年份，并没有影响研究结论的稳健性。

本章研究的是股市错误定价对企业股权融资决策的影响，然而，企业的融资方式多种多样，并不局限于股权融资一种方式。对于部分企业而言，股权融资并不是企业的主要融资渠道，甚至有部分企业在样本期间内未曾参与过一次股权融资，将这些样本纳入回归分析，可能会影响本章研究结论的稳健性。因此，我们剔除了样本期间内没有参与过股权融资的企业样本，并进行了相应的稳健性检验，我们将结果报告在表3-14的列（3）、列（4）中。观察列（3）可知，*Mis*的系数为0.296，且在1%的水平上显著，这表明企业在股价高估阶段参与股权融资的概率显著上升，而交互项*Mis_SOE*的系数为-0.104，且在5%的水平上显著，这表明国有企业股权融资决策受股市错误定价的影响程度显著低于民营企业。观察列（4）可知，*Mis*的系数为0.098，且在1%的水平上显著，这表明企业在股价高估阶段的股权融资规模显著上升，而交互项*Mis_SOE*的系数为0.011，且并不显著，这表明股市错误定价对企业股权融资规模的影响在国有企业与民营企业样本之间不存在显著的差异。剔除了样本期间内没有参与过股权融资的样本企业，对研究结论没有实质性的影响。

表3-14 稳健性检验

	(1)	(2)	(3)	(4)	(5)	(6)
	If_SEO	*Relative_Size*	*If_SEO*	*Relative_Size*	*If_SEO*	*Relative_Size*
Mis	0.229***	0.108***	0.296***	0.098***	0.234***	0.085***
	[6.31]	[5.32]	[7.99]	[5.08]	[6.83]	[4.45]
SOE	-0.013	-0.049***	0.024	-0.053***	-0.015	-0.070***
	[-0.31]	[-2.79]	[0.56]	[-3.20]	[-0.37]	[-4.02]
Mis_SOE	-0.121**	0.004	-0.104**	0.011	-0.116**	0.000
	[-2.35]	[0.19]	[-2.01]	[0.56]	[-2.43]	[0.02]
Asset	-0.005	0.002	-0.007**	-0.000	-0.011***	-0.009***
	[-1.58]	[1.30]	[-2.05]	[-0.04]	[-3.84]	[-9.83]
Leverage	1.295***	-0.053	1.253***	-0.070	1.120***	-0.186***
	[18.15]	[-0.97]	[16.71]	[-1.40]	[19.04]	[-4.22]
Ln_Age	-0.091***	0.047***	-0.147***	0.044***	-0.107***	0.037***
	[-5.79]	[7.11]	[-8.91]	[6.91]	[-7.30]	[5.83]
ROA	1.973***	-0.947***	2.578***	-0.847***	2.316***	-0.764***
	[8.91]	[-5.97]	[10.55]	[-5.55]	[11.44]	[-5.29]
Top1	-0.000	0.000	-0.000	0.000	-0.001	-0.000
	[-0.53]	[0.63]	[-0.22]	[0.37]	[-0.77]	[-1.53]

续表

	(1)	(2)	(3)	(4)	(5)	(6)
	If_SEO	Relative_Size	If_SEO	Relative_Size	If_SEO	Relative_Size
True_Growth	0.072***	0.111***	0.075***	0.091***		
	[3.98]	[8.46]	[3.71]	[8.37]		
True_Growth_2					−0.000	−0.000**
					[−1.42]	[−2.08]
_cons	−2.005***	0.273***	−2.965***	0.220***	−3.008***	0.350***
	[−15.96]	[5.11]	[−17.09]	[3.98]	[−18.67]	[6.33]
Industry/Year	Yes	Yes	Yes	Yes	Yes	Yes
N	19255	2676	18242	2891	24587	3071
R−sq/ pseudo R−sq	0.064	0.186	0.107	0.175	0.094	0.130

注：*表示10%水平上显著（p<0.1），**表示5%水平上显著（p<0.05），***表示1%水平上显著（p<0.01）。

本章通过市账比分解的方式，将市账比分解为度量股票错误定价程度的指标与度量企业真实成长机会的指标，并控制企业的真实成长机会，这在一定程度上能够缓解回归的内生性问题。然而，通过这种分解方式得到的企业真实成长机会，是否能够准确地测度企业的发展前景，仍有待考证。为了避免测度方法的错误对回归结果的影响，我们借鉴李君平和徐龙炳（2015）的研究，以企业的营业总收入增长率*True_Growth_2*作为度量企业真实成长机会的指标，并将回归结果汇报在表3-14的列（5）、列（6）中。观察列（5）可知，*Mis*的系数为0.234，且在1%的水平上显著，这表明企业在股价高估阶段参与股权融资的概率显著上升，而交互项*Mis_SOE*的系数为-0.116，且在5%的水平上显著，这表明国有企业股权融资决策受股市错误定价的影响程度显著低于民营企业。观察列（6）可知，*Mis*的系数为0.085，且在1%的水平上显著，这表明企业在股价高估阶段的股权融资规模显著上升，而交互项*Mis_SOE*的系数仅为0.0003，且并不显著，这表明股市错误定价对企业股权融资规模的影响在国有企业与民营企业样本之间不存在显著的差异。当我们在回归中用企业的营业总收入增长率来控制企业的真实成长机会时，得到的回归结果也与前文的研究结果基本一致。

该部分，我们一共进行了三种不同形式的稳健性检验，得到的结果均与前文的研究结论相一致，这表明本章的研究结论具有较强的稳定性。

3.8 本章小结

股市错误定价对企业股权融资行为的影响已经得到了广泛的关注，但大多数文献将企业视为同质的个体，忽视了不同产权性质企业所具备的不同特征。而本章的研究则显示，国有企业的股权融资行为受股市错误定价的影响与民营企业存在显著的差异。通过细致的梳理，我们厘清了造成这种差异的原因。研究发现：①股市错误定价会影响企业的股权融资概率。面临股价高估的企业，参与股权融资的概率显著上升。②股市错误定价会影响企业的股权融资规模。面临股价高估的企业，股权融资的规模显著上升。③民营企业股权融资概率受股市错误定价的影响显著强于国有企业，而股权融资规模受股市错误定价的影响在二者之间不存在显著的差异。④国有企业与民营企业之间融资约束的差异导致了二者不同的择时动机，进而导致民营企业股权融资行为受股市错误定价的影响显著强于国有企业。⑤国有企业与民营企业的择时能力不存在显著的差异。⑥国有企业与民营企业之间高管股权激励的差异导致了二者不同的择时激励，进而导致民营企业股权融资行为受股市错误定价的影响显著强于国有企业。⑦国有企业与民营企业之间行业分布的差异，导致民营企业股权融资行为受股市错误定价的影响显著强于国有企业。

本章的研究表明，市场择时理论能够在一定程度上解释中国上市企业的股权融资行为，且该理论的解释力在国有企业与民营企业样本中存在显著的差异。本章的研究不仅丰富了已有文献的结论，而且具有重要的现实意义。首先，在中国经济中，国有企业与民营企业都发挥着举足轻重的作用，而二者方方面面的差异，意味着不能用一套相同的研究模式同时研究国有企业与民营企业。从国有企业与民营企业各自的性质、特征出发，更加细致地研究企业的某些行为决策，能够极大地丰富相关领域的研究，并为政策制定者提供更为准确、可靠的经验证据。其次，企业融资行为是企业投资行为的基础，企业所募集资金中的绝大部分最终会用于企业投资。如果不能准确厘清国有企业与民营企业融资行为的差异，而直接研究国有企业与民营企业的投资行为，则研究结论必定具有一定的局限性，研究结果也未必稳健。本章从股市错误定价对国有企业与民营企业股权融资行为的影响入手，研究二者融资端的决策，为后文研究股市错误定价对国有企业与民营企业投资行为的影响打下了坚实的基础。最后，在研究市场择时能力的部分中，我们发现国有企业与民营企业的择时能力不存在显著的差异，但当存在高程度股价高估的时候，民营企业股权融资行为的反应显著强于国有企业。这是否意味着民营企业选择了超过最优融资规模的融资决策？这种行为特征的差异又会导致什么样的经济后果？在随后的研究中，我们将从企业投资端的决策入手，对这一问题进行深入的研究与探讨。

4 股市错误定价、产权性质与企业投资

4.1 引言

在第3章中，我们研究了股市错误定价对企业股权融资决策的影响。研究发现，同基于西方资本市场的研究结论相似，中国资本市场的错误定价并不是一场无关紧要的余兴节目，股市错误定价会直接影响企业的股权融资决策，具体而言，企业在股价高估阶段参与股权融资的概率更高、股权融资规模更大。除此之外，第3章通过区分产权性质的方式，研究并发现了国有企业与民营企业股权融资决策对股市错误定价的不同反应方式与反应程度，具体而言，在股价高估阶段，国有企业与民营企业参与股权融资的概率均显著上升，但这一现象在民营企业样本中更加显著。通过对这一现象的深入研究，我们厘清了造成这一现象的原因：首先，民营企业更强的融资约束，导致了民营企业更强的择时动机；其次，民营企业高管更大规模的股权激励，导致了民营企业更强的择时激励；最后，民营企业更多聚集在高新技术行业，这导致了民营企业更强的股权融资依赖程度。

融资与投资是企业最为重要的两项决策。企业的融资与投资活动在一定程度上是相互依存、相互影响的。一方面，企业的融资行为会影响企业的投资行为。由于资本市场中存在的种种摩擦，企业往往面临着一

定程度的融资约束，不是所有有价值的投资机会都能够顺利地实现，企业的投资决策在很大程度上需要以企业的融资决策为前提，企业的融资行为也直接影响着企业的投资行为。另一方面，企业的投资行为会影响企业的融资行为。具有投资前景、拥有有价值投资项目的企业会更多地参与到融资交易中，为企业的投资项目筹集资金。在第3章的研究中，我们采用不同的方式控制了企业的成长机会，其意义就是在于控制投资机会对企业融资行为的影响。

单独研究企业的融资行为或者投资行为，只能从局部反映企业的某些特征与行为方式，无法对企业决策进行全方位、细致的刻画，这有可能导致结果的不稳健，因此，有必要在一个完整的框架下同时研究企业的融资、投资行为，以及二者之间的相互影响。股价高估所带来的股权融资便利虽然为企业带来了更多的资金来源，但更加充裕的资金来源有可能从多种不同的渠道影响企业的投资行为，且不同的渠道对不同产权性质企业的影响力度也可能存在显著的差异。在该部分的研究中，我们将从股市错误定价出发，以第3章的研究结论为基础，进一步研究股市错误定价对企业投资行为的影响。

具体而言，我们希望回答以下两个问题：第一，中国股市的错误定价是否会影响企业的投资行为，这种影响在国有企业与民营企业之间是否存在显著的差异？第二，中国股市的错误定价是否会影响企业的投资效率，如果会，是通过哪些机制在发挥作用，这些机制对企业投资效率的影响在国有企业与民营企业样本中是否存在显著的差异？

本章余下的部分安排如下：第2节为“理论分析与研究假设”，第3节为“数据、变量与方法”，第4节为“实证结果与分析”，第5节为“股市错误定价、产权性质与投资效率”，第6节为“进一步的研究：产权性质与企业过度投资”，第7节为“内生性检验与稳健性检验”，第8节为“本章小结”。

4.2 理论分析与研究假设

4.2.1 股市错误定价、产权性质与企业投资规模

大量研究显示，股市错误定价会直接影响企业的投资行为（Baker等，2003；Stein，1996；Campello 和 Graham，2013；李君平和徐龙炳，2015）。具体而言，相较于股价低估时期而言，企业在股价高估时期会参与更多的投资交易，其中一个重要的原因就在于股价高估时期有更为畅通的股权融资渠道。一方面，在股价高估时期，企业能够以高于股票真实价值的价格将其出售给外部投资者，并为企业现有的股东带来经济利益，因而企业有更强的动机参与股权融资；另一方面，股市高涨的时期，往往有更多的企业存在股价高估的现象，在这个时候，市场投资者的热情较高，市场对股权的需求较大，企业的股权融资成本也相应较低。在第3章的研究中我们指出，企业在股价高估时期参与股权融资的概率更高、股权融资规模更大。更高频率、更大规模的股权融资可以为企业提供更多的资金用于投资。因此，我们提出以下假设。

假设4–1：股市错误定价会影响企业的投资规模。面临股价高估的企业，其投资规模显著上升。

然而，国有企业与民营企业之间的某些差异，可能会导致二者投资行为对股市错误定价的不同反应方式与反应程度。

首先，本章以股权融资渠道为基础，研究股市错误定价对企业投资行为的影响，因此，股价高估时期企业的股权融资行为是本章研究的基础。第3章的研究已经指出，在股价高估时期，无论是国有企业还是民营企业，其股权融资的概率与规模均显著上升，且这一现象在民营企业中更加显著。具体而言，在股价低估的时候，民营企业参与股权融资的

概率约为7.7%，国有企业参与股权融资的概率约为7.0%，二者之间不存在显著的差异；而当股价高估的时候，民营企业参与股权融资的概率上升至17.7%，国有企业参与股权融资的概率仅上升至12.6%。民营企业的股权融资行为受股市错误定价的影响显著强于国有企业。国有企业与民营企业股权融资行为的差异，可能导致二者投资行为对股市错误定价的不同反应程度。

其次，股权融资可以通过“减少投资不足机制”和“增加过度投资机制”两种渠道促进企业投资，而这两种渠道在民营企业样本中的作用可能均强于国有企业样本。

一方面，资本市场中的摩擦意味着企业往往面临一定程度的融资约束，企业所能募集的资金往往不能够覆盖所有有价值的投资项目，部分有价值的投资项目不得不因此被搁置，导致企业投资不足的现象。而股价高估有助于缓解企业融资约束、增加企业融资能力，大规模的股权融资能够减少企业因资金不足而存在的投资不足现象，即股价高估能够通过“减少投资不足机制”增加企业投资。然而，正如前文中反复提到的那样，国有企业与民营企业的融资能力与融资约束具有显著的差别（祝继高和陆正飞，2011；刘运国等，2010）。对于民营企业而言，融资约束往往是限制企业投资行为的重要因素，而对于国有企业而言，其因融资约束而导致投资不足的情况应该显著少于民营企业。因此，股价高估的“减少投资不足机制”在民营企业样本中的作用应该显著强于国有企业样本。

另一方面，股价高估所带来的融资约束缓解不仅能够帮助企业募集常规投资所需的资金，企业高管还可能出于自身利益的考虑，募集超过企业常规投资所需的资金，并将资金用于有损于企业价值的投资交易之中（Richardson，2006），即股价高估也通过“增加过度投资机制”增加了企业投资。然而，“增加过度投资机制”的作用同样可能在民营企业样本中更为显著。其一，民营企业高管有着明确的过度投资激励，过度投资有助于增加企业规模，帮助高管构建自己的“商业帝国”（Empire Building）（Jensen，1986；Hope 和 Thomas，2008），同时企业规模越大，企业高管的薪酬也往往越高（Grinstein 和 Hribar，2004），而国有企业高管的薪酬相对固定，不存在通过过度投资提高自身薪酬的动机。其二，民营企业高管有着过度投资的客观条件，他们对资金的使用有着较大的话语权，能够根据股市走势、企业的资金状况迅速调整企业的投资规模，而国有企业的重大决策不仅需要通过企业内部的讨论，还需要各级行政部门审批，仅凭国有企业高管自身，难以对企业的重大投资项目做出最终的决定。因此，股价高估的“增加过度投资机制”在民营企业样本中的作用应该显著强于国有企业样本。

综上所述，民营企业在股价高估阶段通过股权融资的方式募集资金的概率显著高于国有企业，且无论是股价高估的“减少投资不足机制”还是“增加过度投资机制”，在民营企业中的作用可能均显著强于国有企业。因此，股市错误定价对企业投资规模的影响，可能在民营企业样本中显著强于国有企业样本。我们提出以下假设。

假设4–2：股市错误定价对企业投资规模的影响，在民营企业样本中显著强于国有企业样本。面临股价高估时，民营企业投资规模的上升幅度显著高于国有企业。

4.2.2 股市错误定价（股价高估）、产权性质与企业投资效率

在前文的分析中我们指出，股价高估可以通过股权融资渠道，增加企业的投资规模。而股权融资渠道又可以通过两种不同的机制影响企业的投资规模，即“减少投资不足机制”和“增加过度投资机制”。这两种机制虽然都会增加企业在股价高估阶段的投资规模，但二者对企业投资效率有着截然不同的影响方式。

对于“减少投资不足机制”而言，股价高估能够帮助企业实现有价值、但因资金不足而无法实现的投资机会，这有助于提升企业的投资效率（Baker 等，2003；李君平和徐龙炳，2015）；而对于“增加过度投资机制”而言，股价高估会为企业带来过度的资金，并被企业高管投资于有损企业价值的项目中，这会降低企业的投资效率（Richardson，2006；Jensen，1986）。两种机制的作用方式不同，且在国有企业与民营企业样本中有着不同的重要程度，为此，我们提出以下假设以供检验。

假设4-3：股市错误定价（股价高估）具有“减少投资不足”的效果，且这种效果在民营企业样本中更为显著。

假设4-4：股市错误定价（股价高估）具有“增加过度投资”的效果，且这种效果在民营企业样本中更为显著。

假设4-5a：股市错误定价（股价高估）会提高国有企业的投资效率。

假设4-5b：股市错误定价（股价高估）会降低国有企业的投资效率。

假设4-6a：股市错误定价（股价高估）会提高民营企业的投资效率。

假设4-6b：股市错误定价（股价高估）会降低民营企业的投资效率。

4.3 数据、变量与方法

4.3.1 数据选取

本章选取2004—2017年中国沪深股市所有上市企业作为研究样本。上市企业数据均来自国泰安（CSMAR）数据库，其中包括上市企业财务数据、上市企业公司治理数据、上市企业产权性质等。按照已有文献的做法，本章对样本进行了如下筛选工作：①考虑到金融行业的特殊性，剔除了行业分类属于金融、保险业的企业；②剔除了样本期间终止上市的企业；③为了避免个别极端值、异常值对回归结果的影响，对连续变量数据在1%的水平上进行了双向缩尾处理（Winsorize），即将第1和第99分位数之外的数据分别用第1和第99分位数上的数值进行替换。

4.3.2 主要指标构建

（1）错误定价的衡量

借鉴Rhodes-Kropf等（2005）、游家兴和吴静（2012）、陆蓉等（2017）的研究，本章利用市账比分解的方法度量上市企业的股票错误定价。市账比（M/B）是衡量股票价值的常用指标，假设存在一个能够准确度量企业价值的指标V，则可以对市账比做如下分解：

$$\frac{M}{B}=\frac{M}{V}\times\frac{V}{B} \tag{4-1}$$

其中，M/V表示错误定价程度，V/B表示股票的真实成长机会。通过对（4-1）式左右两侧同时取对数，我们得到以下表达形式：

$$m-b=(m-v)+(v-b) \tag{4-2}$$

其中，m是股票市场价值的对数，b是股票账面价值的对数，v是股票真实价值的对数。为了估算企业的真实价值，我们对所有上市企业分行业（j）、分年度（t）进行以下回归：

$$m_{i,t}=\alpha_{0jt}+\alpha_{1jt}b_{i,t}+\alpha_{2jt}ln(NI)^{+}_{i,t}+\alpha_{3jt}I_{(<0)}ln(NI)^{+}_{i,t}+\alpha_{4jt}LEV_{i,t}+\varepsilon_{i,t} \tag{4-3}$$

其中，$m_{i,t}$为企业i在t年末的市场价值；$b_{i,t}$为企业i在t年末的总资产；$ln(NI)^{+}_{i,t}$为企业i在t年末的净利润绝对值取对数；$I_{(<0)}$为示性函数，当净利润小于零时取1，大于等于零时取0；$LEV_{i,t}$表示企业的杠杆率。通过回归得到各个行业在每个年度的回归系数$\{\alpha_{0jt},\alpha_{1jt},\alpha_{2jt},\alpha_{3jt},\alpha_{4jt}\}$后，我们对同行业各个年度的回归系数求平均值，得到$\{\alpha_{0j},\alpha_{1j},\alpha_{2j},\alpha_{3j},$

α_{4j}}，并根据方程（4-4）估算出企业的真实价值v，进而计算出企业的错误定价程度*Mis_Total*与真实成长机会*True_Growth*。

$$v_{i,t}=\alpha_{0j}+\alpha_{1j}b_{i,t}+\alpha_{2j}\ln(NI)^{+}_{i,t}+\alpha_{3j}I_{(<0)}\ln(NI)^{+}_{i,t}+\alpha_{4j}LEV_{i,t} \tag{4-4}$$

进一步地，我们根据企业股票的错误定价程度*Mis_Total*定义虚拟变量*Mis*，当企业股价存在高估，即*Mis_Total*大于零的时候，虚拟变量*Mis*取1，当企业股价不存在高估，即*Mis_Total*小于等于零的时候，虚拟变量*Mis*取0。

总结起来，本章主要的解释变量为虚拟变量*Mis*，当企业股价存在高估的时候，虚拟变量*Mis*取1，当企业股价不存在高估的时候（即企业股价估值准确或存在低估的时候），虚拟变量*Mis*取0。

（2）企业投资规模的度量

借鉴Baker等（2003）的研究，本章利用企业资产规模账面价值的变动情况来度量企业的投资规模。具体而言，我们的核心被解释变量企业投资规模*Invest*等于企业总资产账面价值的变动百分比，即$\Delta Asset_{i,t}/Asset_{i,t-1}$。为了保证研究结果的稳健性，我们还运用企业当期资本性支出与企业上一期期末总资产的比值，度量企业的投资规模，即$CAPX_{i,t}/Asset_{i,t-1}$，得到的研究结果与本章报告的研究结果基本一致。

（3）投资效率与过度投资

本章借鉴Richardson（2006）以及黎文靖和郑曼妮（2016）的做法来估计企业的投资效率。我们先根据以下回归模型估计企业的预期投资规模，即企业的正常投资规模*Nor_Invest*：

$$\begin{aligned}Invest_{i,t}=\alpha+\beta_1 Q_{i,t-1}+\beta_2 Leverage_{i,t-1}+\beta_3 Cash_{i,t-1}+\beta_4 Age_{i,t-1}\\+\beta_5 Size_{i,t-1}+\beta_6 Return_{i,t-1}+\beta_7 Invest_{i,t-1}\\+\beta_8\sum Ind+\beta_9\sum Year+\varepsilon\end{aligned} \tag{4-5}$$

首先，我们对回归方程（4-5）进行回归，估计企业i在年度t的正常投资规模*Nor_Invest*（拟合值）。然后，用企业同期的实际投资规模*Invest*减去正常投资规模*Nor_Invest*，并取绝对值得到变量投资效率*Invest_Effi*。变量投资效率*Invest_Effi*的数值越大，表明企业的实际投资规模偏离正常投资规模的幅度越大，企业的投资效率越低。

除此之外，如果企业的真实投资规模大于企业的正常投资规模，则表明企业存在过度投资的情况。我们定义虚拟变量过度投资*Over_Invest*，如果企业该年度的真实投资规模大于回归估计得到的正常投资规模，即企业存在过度投资的情况，则虚拟变量*Over_Invest*取1，否则取0。

4.3.3 控制变量

参考已有研究的做法（Campello和Graham，2013；Baker等，2003；李君平和徐龙炳，2015），本章选择了以下几个变量作为控制变量。①资产规模（*Asset*）：企业的资产规模（单位：百亿元）；②资产负债率（*Leverage*）：企业总负债/企业总资产；③上市年限（*Ln_Age*）：企业上市年限取对数；④真实成长机会（*True_Growth*）：根据Rhodes-Kropf等（2005）的市账比分解方法得到的企业真实成长机会；⑤企业现金持有水平（*Cash*）：企业现金持有水平/企业总资产；⑥企业经营性现金流量（*CF*）：企业经营性现金流量净值/企业总资产；⑦产权性质（*SOE*）：根据实际控制人性质定义，国有企业取1，民营企业取0；⑧企业高管薪酬（*Salary*）：企业前三大高管薪酬总计（单位：万元）；⑨两权合一（*Duality*）：董事长、总经理兼任情况，董事长、总经理为同一人取1，否则取0。除此之外，回归模型中还控制了行业固定效应和年度固定效应。具体的变量定义如表4-1所示。

表4-1 主要变量的定义和计算方法

变量类型	变量名称	变量符号	变量描述
被解释变量	企业投资规模	*Invest*	（当期企业总资产/上一期企业总资产）-1
	企业投资效率	*Invest_Effi*	真实投资规模与正常投资规模的差值取绝对值
	过度投资	*Over_Invest*	真实投资规模大于正常投资规模取1，否则取0
解释变量	错误定价	*Mis*	企业该年度是否存在股价高估，存在股价高估取1，不存在股价高估取0
控制变量	资产规模	*Asset*	企业的资产规模（单位：百亿元）
	资产负债率	*Leverage*	企业总负债/企业总资产
	上市年限	*Ln_Age*	企业上市年限取对数
	真实成长机会	*True_Growth*	根据Rhodes-Kropf等（2005）的市账比分解方法得到的企业真实成长机会
	企业现金持有水平	*Cash*	企业现金持有水平/企业总资产
	企业经营性现金流量	*CF*	企业经营性现金流量净值/企业总资产
	产权性质	*SOE*	国有企业取1，民营企业取0
	企业高管薪酬	*Salary*	企业前三大高管薪酬总计（单位：万元）
	两权合一	*Duality*	董事长、总经理为同一人取1，否则取0
	行业	*Industry*	行业固定效应
	年份	*Year*	年度固定效应

资料来源：CSMAR数据库以及笔者整理。

4.3.4 回归模型

参考已有文献的做法（Campello 和 Graham，2013；Baker 等，2003；李君平和徐龙炳，2015），我们构造了以下几个回归方程：

$$Invest_{i,t}=\alpha+\beta_1 Mis_{i,t-1}+\beta_2 Controls_{i,t-1}+\beta_3\sum Ind+\beta_4\sum Year+\varepsilon \tag{4-6}$$

$$Over\_Invest_{i,t}=\alpha+\beta_1 Mis_{i,t-1}+\beta_2 Controls_{i,t-1}+\beta_3\sum Ind+\beta_4\sum Year+\varepsilon \tag{4-7}$$

$$Invest\_Effi_{i,t}=\alpha+\beta_1 Mis_{i,t-1}+\beta_2 Controls_{i,t-1}+\beta_3\sum Ind+\beta_4\sum Year+\varepsilon \tag{4-8}$$

其中，回归方程（4-6）中的被解释变量为企业该年度的投资规模 *Invest*，该回归方程主要研究股市错误定价对企业投资规模的影响。回归方程（4-7）中的被解释变量为虚拟变量 *Over_Invest*，如果企业在该年度存在过度投资，则被解释变量 *Over_Invest* 取1，否则取0，该回归方程主要研究股市错误定价对企业过度投资的影响，回归运用的是Logit回归与Probit回归。回归方程（4-8）中的被解释变量为度量企业投资效率的变量 *Invest_Effi*，变量 *Invest_Effi* 的数值越大，表明企业真实投资规模偏离正常投资规模的程度越高，企业的投资效率越低，该方程主要研究股市错误定价对企业投资效率的影响。回归方程（4-6）至（4-8）中的主要解释变量均为刻画企业股票错误定价程度的虚拟变量 *Mis*，如果该年度企业股价存在高估，则虚拟变量 *Mis* 取1，如果企业股价不存在高估，则虚拟变量 *Mis* 取0。

除了回归方程（4-6）、（4-7）、（4-8）之外，在随后的研究中，根据研究需要，我们对回归方程进行了一定程度的变形，具体的方程设定方式会在随后的部分介绍。

4.3.5 描述性统计

表4–2汇报了主要变量的描述性统计结果。就企业投资规模（*Invest*）而言，其均值为0.184，即平均而言，企业投资规模约为上一期企业规模的18.4%。其中，投资规模最大的企业，其投资规模约为上一期企业规模的3倍之多，而投资规模最小的企业，其资产规模较上一期企业规模而言下降了近一半。企业投资规模的标准差为0.408，这表明在不同的企业之间，企业的投资决策有着较大的差异，这也为我们的研究创造了条件。就企业的投资效率（*Invest_Effi*）而言，企业真实投资规模偏离企业正常投资规模的均值约为0.215，这表明中国上市企业的投资效率普遍不高，市场的摩擦和公司治理的缺陷可能抑制了中国上市企业的投资效率。就企业过度投资（*Over_Invest*）而言，约有34.8%的样本企业存在过度投资的情况，这也与中国企业普遍存在的过度投资现象基本相符。在控制变量方面，企业资产规模（*Asset*）的均值约为129亿元人民币，企业资产负债率（*Leverage*）的均值约为48.9%，企业上市年限（*Ln_Age*）的均值约为2.11，企业真实成长机会（*True_Growth*）的均值约为0.16，企业现金持有水平（*Cash*）的均值约为16.5%，企业经营性现金流量（*CF*）的均值约为5.1%，样本企业中约有45.5%的企业为国有企业（*SOE*），企业高管薪酬（*Salary*）的均值约为168.2万元人民币，上市企业中约有20%的企业董事长与总经理为同一个人（*Duality*）。

表4–2 描述性统计

变量	平均值	标准差	最小值	最大值
Invest	0.1835812	0.4075158	–0.4227497	3.039793
Invest_Effi	0.2145904	0.331784	0.0023684	2.300663

续表

变量	平均值	标准差	最小值	最大值
Over_Invest	0.348087	0.4763747	0	1
Mis	0.5561656	0.5561656	0	1
Asset	1.285921	4.108341	0.0155869	32.28844
Leverage	0.4885857	0.2293307	0.0511707	1.500829
Ln_Age	2.106809	0.6741306	0.6931472	3.135494
True_Growth	0.1636954	0.9329515	−5.140007	1.780181
Cash	0.1649532	0.1223405	0.0025422	0.6991387
CF	0.0507511	0.0967369	−0.2845954	0.3746687
SOE	0.4545746	0.4979422	0	1
Salary	168.1595	210.4093	9.9592	1071.16
Duality	0.2006059	0.4004625	0	1

4.4 实证结果与分析

4.4.1 单变量分析

我们先运用单变量分析的方法，检验股市错误定价对企业投资规模的影响，并将结果汇报在表4–3中。表4–3中的统计数据对应着不同统计样本的企业投资规模（*Invest*）。其中，第四列中的*Diff_1*为不同样本股价高估时期的投资规模减去股价低估时期的投资规模，第五行中的*Diff_2*为不同时期国有企业样本的投资规模减去民营企业样本的投资规模。

表4-3 单变量分析

	股价高估时期	股价低估时期	*Diff_1*
全样本	0.2178489	0.1406405	0.0772084***
国有企业样本	0.1788055	0.13651	0.0422955***
民营企业样本	0.2447554	0.1449908	0.0997647***
Diff_2	–0.0659499***	–0.0084808	–0.0574691***

注：*表示10%水平上显著（$p<0.1$），**表示5%水平上显著（$p<0.05$），***表示1%水平上显著（$p<0.01$）。

对全样本的统计结果显示，在股价低估时期，企业的平均投资规模约为14.1%，而在股价高估时期，企业的平均投资规模约为21.8%，相较于股价低估时期，股价高估时期的企业平均投资规模增加了7.7个百分点，增幅约为54.6%。这表明从整体程度上看，相比股价低估时期，企业在股价高估时期的投资规模显著更大、扩张速度显著更快。

对国有企业样本的统计结果显示，在股价低估时期，国有企业的平均投资规模约为13.7%，而在股价高估时期，国有企业的平均投资规模约为17.9%，相较于股价低估时期，股价高估时期的国有企业平均投资规模增加了4.2个百分点，增幅约为30.7%。对民营企业样本的统计结果显示，在股价低估时期，民营企业的平均投资规模约为14.5%，而在股价高估时期，民营企业的平均投资规模约为24.5%，相较于股价低估时期，股价高估时期的民营企业平均投资规模增加了10.0个百分点，增幅约为69.0%。对国有企业与民营企业样本的统计结果显示，无论是国有企业还是民营企业，相比股价低估时期，企业在股价高估时期的投资规模显著更大、扩张速度显著更快，但民营企业投资规模受股市错误定价的影响似乎强于国有企业。

第五行中*Diff_2*的统计数据进一步证实了我们的猜想。统计数据显示，在股价低估的时期，国有企业与民营企业的投资规模不存在显著的差异，国有企业每年的投资规模约为13.7%，民营企业每年的投资规模约为14.5%，仅仅比国有企业高不到1个百分点；在股价高估的时期，国有企业与民营企业的投资规模则表现出显著的差异，国有企业每年的投资规模约为17.9%，而民营企业每年的投资规模约为24.5%，比国有企业高出了约6.6个百分点。

然而，企业的投资决策与投资规模不仅受到股市错误定价的影响，还会受到一系列企业层面、行业层面因素的影响，仅凭借单变量分析不能够得到稳健、可靠的结论。在接下来的部分中，我们将运用多元回归的方式，在控制其他影响企业投资决策因素的情况下，进一步研究股市错误定价对企业投资决策的影响。

4.4.2 多元回归分析

（1）错误定价、产权性质与企业投资规模

在前文的单变量分析中我们发现，当股价存在高估的时候，企业的投资规模显著上升。具体而言，在股价低估时期，企业的平均投资规模约为14.1%，而在股价高估时期，企业的平均投资规模上升至21.8%。在区分产权性质，对国有企业与民营企业分别进行单变量分析后发现，无论是国有企业还是民营企业，其投资规模均会受到股市错误定价的影响，且民营企业投资规模受股市错误定价的影响似乎强于国有企业。对民营企业而言，其在股价低估、高估时期的投资规模分别为14.5%和24.5%；对国有企业而言，其在股价低估、高估时期的投资规模分别为13.7%和17.9%。然而，企业的投资行为除了会受到股市错误定价的影响之外，还会受到一系列企业层面、行业层面特征的影响。例如，企业的成长机会越大，企业的投资规模也会相应更大；企业的现金流越充足，企业的投资规模也会相应更大；等等。在本小节中，我们将运用多元回归方程（4–6），研究股市错误定价对企业投资规模的影响，并探讨产权性质在其中起到的重要作用。

我们将回归结果汇报在表4–4中。其中，被解释变量为企业投资规模*Invest*，主要的解释变量为度量股价高估的虚拟变量*Mis*，以及*Mis*与*SOE*的交互项*Mis_SOE*。列（1）对全样本进行了回归，列（2）对国有企业样本进行了回归，列（3）对民营企业样本进行了回归，列（4）在加入了交互项*Mis_SOE*的情况下，对全样本进行了回归，交互项*Mis_SOE*的系数代表了国有企业与民营企业投资规模受股市错误定价影响的差异。

列（1）的回归结果显示，对全样本而言，*Mis*的系数为0.044，且在1%的水平上显著。其经济意义是，相较于股价低估时期而言，企业在股价高估时期的投资规模上升了4.4个百分点。股市错误定价对企业投资规模的影响不仅在统计意义上显著，在经济意义上也十分显著。列（2）、列（3）分别对国有企业与民营企业样本进行了回归分析。列（2）的回归结果显示，相较于股价低估时期而言，国有企业在股价高估时期的投资规模上升了2.4个百分点；列（3）的回归结果显示，相较于股价低估时期而言，民营企业在股价高估时期的投资规模上升了5.1个百分点。列（2）、列（3）的回归结果显示，国有企业与民营企业投资规模受股市错误定价的影响可能存在差异。

为了检验这种差异的显著性，我们在列（4）中同时加入了虚拟变量*Mis*、*SOE*，以及二者的交互项*Mis_SOE*。回归结果显示，*Mis*的系数显著为正，这表明对于民营企业而言，其在股价高估时期的投资规模显著高于股价低估时期，具体而言，民营企业在股价高估时期的投资规模比股价低估时期高6.6个百分点。*SOE*的系数为0.011，且在10%的水平上显著，这表明在股价低估时期，国有企业的投资规模显著高于民营企业。有两方面的原因可能造成这一结果：一方面，民营企业的融资约束较强，在股价低估时期，民营企业的融资能力进一步被限制，民营企业的投资活动也因此显著变少；另一方面，在市场低迷的时候，国有企业有动机通过更多的投资带动地方就业与经济增长。我们关注的重点是交互项*Mis_SOE*，交互项的系数为-0.049，且在1%的水平上显著，这表明对国有企业而言，其投资规模受股市错误定价的影响显著弱于民营企业。

表4-4的回归结果显示，股市错误定价对企业的投资规模有着显著的影响，相较于股价低估时期而言，企业在股价高估时期的投资规模更大，这证实了本章的假设4-1。除此之外，股市错误定价对企业投资规模的影响在国有企业与民营企业样本中均显著存在，且这种影响在民营企业样本中显著强于国有企业样本，这证实了本章的假设4-2。

表4-4　错误定价、产权性质与企业投资规模

	(1)	(2)	(3)	(4)
	Invest			
	全样本	国有企业样本	民营企业样本	全样本
Mis	0.044***	0.024***	0.051***	0.066***
	[7.27]	[2.76]	[5.90]	[8.54]
SOE				0.011*
				[1.69]
Mis_SOE				-0.049***
				[-4.94]
True_Growth	0.021***	0.014**	0.033***	0.019***
	[4.41]	[2.42]	[3.61]	[3.88]
Leverage	0.035	0.028	0.059**	0.033
	[1.64]	[0.89]	[1.99]	[1.53]
Asset	-0.004***	-0.004***	-0.003*	-0.004***
	[-5.85]	[-5.55]	[-1.87]	[-5.56]

续表

	(1)	(2)	(3)	(4)
	Invest			
	全样本	国有企业样本	民营企业样本	全样本
Cash	-0.022	0.029	-0.031	-0.017
	[-0.80]	[0.70]	[-0.85]	[-0.63]
CF	0.552***	0.642***	0.481***	0.550***
	[9.16]	[7.02]	[6.05]	[9.14]
Ln_Age	-0.030***	-0.030***	-0.022***	-0.027***
	[-8.47]	[-5.11]	[-4.42]	[-7.20]
_cons	0.043**	0.056*	0.019	0.036*
	[2.05]	[1.81]	[0.67]	[1.74]
Industry/Year	Yes	Yes	Yes	Yes
N	24953	11343	13610	24953
R-sq	0.047	0.050	0.052	0.048

注：*表示10%水平上显著（p<0.1），**表示5%水平上显著（p<0.05），***表示1%水平上显著（p<0.01）。

在控制变量方面，我们得到的结论也与已有研究的结论相一致。企业的真实成长机会越大，企业的投资规模越大。原因如下：企业的真实成长机会反映了企业潜在的投资机会，企业的真实成长机会越大，企业潜在的、有价值的投资项目越多，企业的投资规模越大、扩张速度越快。企业的资产规模越大，企业的投资规模越小。有两方面的原因可能造成这一结果：一方面，企业的资产规模越大，被解释变量*Invest*的分母越大，对于同等金额的投资而言，*Invest*越小；另一方面，企业的资产规模越大，表明企业越成熟，大量研究表明，初创期的企业投资机会更多、投资规模更大，而当企业成熟以后，企业潜在的投资机会减少，投资规模也相应下降。企业经营性现金流量越大，企业的投资规模越大。原因如下：一方面，企业的现金流越充足，企业可用于投资的资金越多，企业的投资规模越大；另一方面，企业的现金流越充足，表明企业的经营状况越好、发展前景越好，企业相应的投资机会也更充足。上市年限越长，企业的投资规模越小。原因如下：随着企业上市年限的增加，企业从初创企业逐渐发展为成熟企业，成熟企业潜在的投资机会较少，相应的投资规模也更小。

（2）股权融资、产权性质与企业投资规模

在第3章的研究中我们指出，股市错误定价影响了企业的股权融资决策，企业在股价高估时期参与股权融资的概率、股权融资的规模均显著高于股价低估时期，且这种现象在民营企业样本中显著强于国有企业样本。融资决策与投资决策是企业决策中最为重要的两个部分，二者之间往往存在紧密的联系。一方面，企业的融资决策会影响企业的投资决策。只有资金充裕的企业才有能力实施投资项目，而企业的融资决策会影响企业的资金水平，进而影响企业的投资规模。另一方面，企业的投资决策会影响企业的融资决策。企业的投资决策决定了企业对资金的需求，进而影响着企业的融资决策。

股价高估时期更为畅通的股权融资渠道能够为企业提供充足的资金，以供企业投资所用，那么，股权融资渠道能否解释前文中的发现，即股价高估时期企业的投资规模显著上升。我们在模型（4–6）的基础上进行改进，具体而言，我们将回归模型改造成（4–9）的形式，其中，被解释变量依然为度量企业投资规模的变量*Invest*，主要的解释变量为虚拟变量*SEO*，如果企业在该年度参与了股权融资，则虚拟变量*SEO*取1，否则取0。我们将回归结果报告在表4–5中。

$$Invest_{i,t}=\alpha+\beta_1 SEO_{i,t}+\beta_2 Controls_{i,t-1}+\beta_3\sum Ind+\beta_4\sum Year+\varepsilon_t \qquad (4\text{–}9)$$

表4-5中，列（1）为全样本的回归结果，列（2）为国有企业样本的回归结果，列（3）为民营企业样本的回归结果，列（4）同样为全样本回归，但为了区分国有企业与民营企业投资行为受股权融资行为影响的差异，我们在列（4）的回归中控制了度量股权融资的虚拟变量*SEO*、产权性质虚拟变量*SOE*，以及二者的交互项*SEO_SOE*，交互项*SEO_SOE*代表了国有企业与民营企业投资行为受股权融资行为影响的差异。

表4-5　股权融资、产权性质与企业投资规模

	(1)	(2)	(3)	(4)
	Invest			
	全样本	国有企业样本	民营企业样本	全样本
SEO	0.547***	0.508***	0.564***	0.572***
	[38.24]	[21.33]	[31.85]	[32.35]
SOE				0.000
				[0.04]
SEO_SOE				−0.067**
				[−2.25]
True_Growth	0.012***	0.008*	0.023***	0.012***
	[2.91]	[1.74]	[2.65]	[2.72]
Leverage	−0.058***	−0.061**	−0.036	−0.056***
	[−3.00]	[−2.22]	[−1.34]	[−2.93]
Asset	−0.004***	−0.004***	−0.004**	−0.004***
	[−5.18]	[−4.81]	[−2.20]	[−5.13]
Cash	0.040	0.040	0.052	0.044*
	[1.61]	[1.08]	[1.55]	[1.76]
CF	0.485***	0.556***	0.429***	0.486***

续表

	(1)	(2)	(3)	(4)
	Invest			
	全样本	国有企业样本	民营企业样本	全样本
CF	[9.17]	[6.89]	[6.15]	[9.20]
Ln_Age	-0.016***	-0.021***	-0.008*	-0.014***
	[-4.90]	[-3.86]	[-1.79]	[-4.24]
_cons	0.085***	0.095***	0.064**	0.082***
	[4.54]	[3.37]	[2.53]	[4.44]
Industry/Year	Yes	Yes	Yes	Yes
N	24944	11337	13607	24944
R-sq	0.219	0.195	0.237	0.219

注：*表示10%水平上显著（p<0.1），**表示5%水平上显著（p<0.05），***表示1%水平上显著（p<0.01）。

观察列（1）可知，*SEO*的系数为0.547，且在1%的水平上显著，这显示对于该年度参与了股权融资的企业而言，其投资规模上升了54.7%。前文的统计结果显示，平均而言，企业每年的投资规模约为18.4%，这表明股权融资对企业投资规模的影响不仅在统计意义上显著，在经济意义上也十分显著。列（2）的回归结果显示，对于国有企业而言，参与了股权融资的企业，其投资规模上升了50.8%；列（3）的回归结果显示，对于民营企业而言，参与了股权融资的企业，其投资规模上升了56.4%。从列（2）、列（3）的结果来看，民营企业投资规模受股权融资的影响似乎大于国有企业，为了进一步检验这种差异的显著性，我们进行了列（4）的回归。观察列（4）的回归结果可知，*SEO*的系数为0.572，且在1%的水平上显著，这表明参与了股权融资的民营企业，其投资规模显著上升，而交互项*SEO_SOE*的系数为-0.067，且在5%的水平上显著，这表明股权融资对企业投资的促进作用在国有企业中显著弱于民营企业。

结合第3章与本章前半部分的研究结果，我们可以得出以下结论。首先，股价高估会促进企业的股权融资，而股权融资募集的资金会进一步增加企业的投资规模，因此，企业在股价高估阶段的投资规模显著上升。其次，对于民营企业而言，其在股价高估时期参与股权融资的概率高于国有企业，且其对于募集资金的使用程度更高，两方面的差异同时发挥作用，导致了民营企业投资行为对股市错误定价的反应显著强于国有企业。

4.5 股市错误定价、产权性质与投资效率

在第3章的研究中我们发现，股市错误定价会影响企业的股权融资行为，具体而言，在股价高估时期，企业股权融资的概率与规模显著上升，且这一现象在民营企业样本中更为显著。在本章节前半部分的研究中我们进一步发现，股价高估时期的股权融资渠道进一步促进了企业的投资行为，在股价高估阶段参与了股权融资的企业，其投资规模显著上升，且这一现象同样在民营企业样本中更为显著。

企业在股价高估时期参与了更多的股权融资、筹集了更多的资金，企业也就有了更多的资金用于投资。然而，股价高估时期的股权融资渠道可以通过两个不同的机制影响企业的投资行为，即“减少投资不足机制”和“增加过度投资机制”，两种机制均会提升企业在股价高估时期的投资规模，但对企业的投资效率有着截然相反的影响方式。一方面，股价高估时期的股权融资渠道能够通过“减少投资不足机制”影响企业的投资规模。资本市场存在的种种摩擦使得企业往往面临一定程度的融资约束，企业无法为所有有价值的投资项目提供充足的资金支持，部分有价值的投资项目也因此被搁置，企业普遍存在投资不足的问题。然而，

股价高估能够在一定程度上缓解企业的融资约束、增加企业的股权融资能力，从而减少企业投资不足的问题，提高企业投资效率。另一方面，股价高估时期的股权融资渠道能够通过“增加过度投资机制”影响企业的投资规模。股价高估使得股价这一价格机制被扭曲，股价难以反映资产的真实价值和资源的真实稀缺程度。投资者的过度热情意味着企业能够募集超过企业投资、经营所需的最优融资规模的资金，企业一旦通过股权融资获得了大于最优融资规模的资金，企业高管便有动机滥用募集的资金，并投资有损于企业价值、股东价值的项目，进而造成企业的过度投资问题。从企业投资规模来看，两种机制均会提升企业在股价高估时期的投资规模，但其影响途径不同，对企业投资效率、资源配置效率的影响更是截然相反，因此，有必要对两种机制的影响程度进行深入的探究。

除此之外，这两种机制在不同产权性质企业中的重要性与解释力也可能存在显著差异。首先，“减少投资不足机制”在民营企业样本中可能更为显著。民营企业自身的融资约束更强，更可能存在因融资约束而无法实施的投资项目，因此，“减少投资不足机制”在民营企业样本中可能更为显著。其次，“增加过度投资机制”在民营企业样本中可能同样更为显著。国有企业的重大决策不仅需要得到企业高管、董事会的认可，还需要各级政府的审批。除此之外，国有企业的发展与政府规划和经济发展有着直接的关系，往往具有更为长远的计划与规划，国有企业不太可能因短期的资金水平改变而大规模改变企业的投资规划。相比之下，民营企业的决策链条相对简单，民营企业高管对企业的资金使用有着更大的决策权与话语权，也因此能够根据企业的资金状况迅速调整企业的投资决策，并更可能在股价高估、实施了大规模股权融资交易之后出现过度投资的情况。

由于有两种不同的影响机制，加之两种机制在国有企业与民营企业中不同的重要性与解释力，我们有必要对两种机制进行深入的分析与探讨。在该部分，我们将首先检验两种机制是否存在，以及两种机制在不同产权性质企业中的重要程度。随后，我们将从整体程度上研究股市错误定价（股价高估）对企业投资效率的影响。

4.5.1 股市错误定价与“减少投资不足机制”

如果“减少投资不足机制”存在的话，那么曾经因融资约束而投资不足的企业，更可能在股价高估的阶段参与更多的投资。为了验证这一机制，我们对不同行业、不同年份企业的投资规模进行统计，将企业投资规模低于同行业、同年份中位数的企业定义为投资不足的企业，并定义虚拟变量*Low*，对于投资不足的企业而言，*Low*取1，否则取0。我们在回归方程（4–6）的基础上进行变形，具体而言，我们加入了虚拟变量*Mis*、*Low*，以及二者的交互项*Mis_Low*，并得到回归模型（4–10）。我们将回归结果报告在表4–6中。

$$Invest_{i,t}=\alpha+\beta_1 Mis_{i,t-1}+\beta_2 Low_{i,t-1}+\beta_3 Mis\_Low_{i,t-1}+\beta_4 Controls_{i,t-1}+\beta_5\sum Ind+\beta_6\sum Year+\varepsilon_t \tag{4–10}$$

表4–6中，列（1）为全样本的回归结果，列（2）为国有企业样本的回归结果，列（3）为民营企业样本的回归结果。观察列（1）可知，*Mis*的系数为0.053，且在1%的水平上显著，这表明企业在股价高估时期的投资规模显著高于股价低估时期，这与前文的研究结论相一致。*Low*的系数为–0.046，且在1%的水平上显著，这表明上一期存在投资不足的企业，当期的投资规模也显著低于同行业其他企业。我们关注的核心变量是交互项*Mis_Low*，如果“减少投资不足机制”存在，即股价高估时期的股权融资渠道能够帮助企业缓解融资约束，并为企业尚未实施的投资项目提供资金，那么曾经具有投资不足问题，但当期股价存在高估的企业

的投资规模应该显著上升，*Mis_Low* 的系数应该显著为正。然而，回归结果显示，*Mis_Low* 的系数不是正向显著的，而是负向显著的，这表明从全样本来看，“减少投资不足机制”并不存在。在列（2）、列（3）的分样本回归中，我们发现*Mis* 的系数显著为正，且在列（3）民营企业样本中的系数大于列（2）国有企业样本中的系数。*Low* 的系数也均显著为负，这表明企业的投资规模在不同的时间点上具有较高的相关性。然而，我们关注的核心变量*Mis_Low* 的系数在国有企业与民营企业样本中均不显著，这表明无论是对国有企业还是民营企业而言，股价高估的“减少投资不足机制”均不存在。

表4-6 股市错误定价与“减少投资不足机制”

	（1）	（2）	（3）
	Invest		
	全样本	国有企业样本	民营企业样本
Mis	0.053***	0.032***	0.058***
	[8.29]	[3.58]	[6.45]
Low	−0.046***	−0.053***	−0.042***
	[−5.18]	[−4.23]	[−3.29]
Low_Mis	−0.028**	−0.023	−0.030
	[−2.07]	[−1.22]	[−1.57]
True_Growth	0.023***	0.016***	0.034***
	[4.75]	[2.81]	[3.72]
Leverage	0.038*	0.033	0.061**
	[1.76]	[1.04]	[2.06]
Asset	−0.005***	−0.005***	−0.004**
	[−6.53]	[−6.18]	[−2.26]

续表

	(1)	(2)	(3)
	Invest		
	全样本	国有企业样本	民营企业样本
Cash	-0.034	0.003	-0.037
	[-1.26]	[0.07]	[-1.02]
CF	0.543***	0.633***	0.472***
	[8.97]	[6.89]	[5.90]
Ln_Age	-0.026***	-0.026***	-0.018***
	[-7.41]	[-4.44]	[-3.62]
_cons	0.047**	0.065**	0.021
	[2.28]	[2.07]	[0.74]
Industry/Year	Yes	Yes	Yes
N	24953	11343	13610
R-sq	0.051	0.055	0.056

注：*表示10%水平上显著（p<0.1），**表示5%水平上显著（p<0.05），***表示1%水平上显著（p<0.01）。

为什么“减少投资不足机制”在全样本、国有企业样本、民营企业样本中均不存在？一个直观的解释就是投资机会是转瞬即逝的，在上一期因为融资约束而无法实施的、有价值的投资项目，即便在下一期有足够的资金来实施，但在不同的时点和经济环境下，该项目也可能已经失去了原有的经济价值。因此，提高市场运作效率、增强企业融资能力、避免有价值投资项目的流失，对企业的发展与中国经济的增长均有着极为重要的意义。

4.5.2 股市错误定价与“增加过度投资机制”

正如前文中提到的那样，股价高估能缓解企业的融资约束，帮助企业募集更多的资金用于投资。然而，股价高估往往伴随着投资者对股市的过度热情，在这种情况下，企业不仅能够通过股权融资等方式，以较低的成本募集到企业投资、发展所需要的资金，甚至可能会利用投资者对股市的过度热情，募集超过企业投资、发展所需的最优融资规模的资金，并将募集的资金投资于有损企业、股东价值的项目，造成企业过度投资的问题。在该部分，我们运用回归方程（4–7）检验股价高估的“增加过度投资机制”。其中，被解释变量为虚拟变量*Over_Invest*，如果企业该年度存在过度投资的情况，则被解释变量*Over_Invest*取1，否则取0。主要的解释变量为*Mis*，以及交互项*Mis_SOE*。回归采用的是Probit回归与Logit回归。我们将回归结果报告在表4–7中。

表4–7 股市错误定价与“增加过度投资机制”

	（1）	（2）	（3）	（4）
	Over_Invest			
	全样本	民营企业样本	国有企业样本	全样本
Mis	0.141***	0.200***	0.038	0.257***
	[6.91]	[6.97]	[1.25]	[9.91]
SOE				0.077***
				[3.01]
Mis_SOE				−0.258***
				[−7.58]
True_Growth	−0.178***	−0.231***	−0.155***	−0.187***
	[−14.31]	[−10.56]	[−9.85]	[−14.78]

续表

	(1)	(2)	(3)	(4)
	Over_Invest			
	全样本	民营企业样本	国有企业样本	全样本
Leverage	0.028	0.003	0.053	0.019
	[0.59]	[0.04]	[0.75]	[0.40]
Asset	0.012***	0.008*	0.018***	0.013***
	[4.32]	[1.74]	[5.27]	[4.82]
Cash	–0.005	–0.181**	0.449***	0.016
	[–0.07]	[–2.00]	[3.79]	[0.23]
CF	1.033***	0.978***	1.165***	1.028***
	[10.64]	[7.69]	[7.66]	[10.59]
Ln_Age	–0.059***	–0.045***	–0.054**	–0.046***
	[–5.27]	[–3.09]	[–2.56]	[–3.93]
_cons	–0.040	0.108	–0.183	–0.082
	[–0.48]	[0.95]	[–1.43]	[–0.97]
Industry/Year	Yes	Yes	Yes	Yes
N	24952	13608	11344	24952
pseudo R–sq	0.032	0.029	0.051	0.034

注：*表示10%水平上显著（$p<0.1$），**表示5%水平上显著（$p<0.05$），***表示1%水平上显著（$p<0.01$）。

表4–7中，列（1）为全样本的回归结果，列（2）为民营企业样本的回归结果，列（3）为国有企业样本的回归结果，列（4）同样为全样本回归，但在列（1）的基础上进一步加入了虚拟变量*SOE*，以及交互项*Mis_SOE*。

列（1）的回归结果显示，当企业股价存在高估的时候，企业过度投资的概率显著上升。具体而言，当股价存在低估的时候，企业过度投资的概率约为32.4%，而当股价存在高估的时候，企业过度投资的概率上升至37.5%，上升了约15.7%。这一结果不仅在统计意义上显著，在经济意义上也十分显著。在列（2）民营企业样本的回归结果中，*Mis*的系数为0.200，且在1%的水平上显著。具体而言，当股价存在低估的时候，民营企业过度投资的概率约为30.4%，而当股价存在高估的时候，民营企业过度投资的概率上升至37.5%，上升了约23.4%，同样在经济意义上十分显著。而列（3）国有企业样本的回归结果中，*Mis*的系数并不显著，这表明股价高估并不会导致国有企业的过度投资。正如我们分析的那样，一方面，国有企业具有稳定的资金来源，相应的投资项目也与国家、地方的发展有着极高的相关度和契合度，即便股价高估时期的股权融资渠道为国有企业提供了更多的资金，并在一定程度上促进了国有企业的投资行为，也不会导致国有企业的过度投资问题；另一方面，国有企业的投资决策不仅需要得到企业高管、董事会的同意，还需要各级行政部门的审批，过度投资决策是难以获得批准的。

为了进一步验证“增加过度投资机制”，以及该机制在国有企业与民营企业之间的差异，我们进行了列（4）的回归，并在回归中加入了虚拟变量*Mis*、*SOE*，以及二者的交互项*Mis_SOE*。回归结果显示，*Mis*的系数为0.257，且在1%的水平上显著，这表明民营企业在股价高估时期进行过度投资的概率显著上升，而交互项*Mis_SOE*的系数为–0.258，且在1%的水平上显著，这表明股价高估对企业过度投资的促进作用在国有企业样本中几乎被完全抵消。除此之外，*SOE*的系数为0.077，且在1%的水平上显著，这表明在股价低估时期，国有企业过度投资的概率显著高于民营企业，这可能是因为国有企业需要分担地方经济、就业的压力，因而在一定程度上以过度投资的方式拉动地方经济发展。该部分的回归结果证实了假设4-4。

4.5.3 对企业投资效率的影响

在理论部分的分析中我们指出，股价高估可以为企业提供便利的股权融资渠道，进而通过“减少投资不足机制”和“增加过度投资机制”两种机制影响企业的投资决策与投资规模。两种机制对企业投资效率的影响方式不同，且在不同产权性质企业中的解释力也不同，因此，有必要从整体层面上评估股价高估对企业投资效率的影响。在该部分，我们运用回归方程（4-8）研究股市错误定价（股价高估）对企业投资效率的影响。其中，被解释变量为*Invest_Effi*，*Invest_Effi*为企业真实投资规模与企业正常投资规模的差值取绝对值，变量数值越大表明企业真实投资规模偏离企业正常投资规模的幅度越大，企业的投资效率越低。主要的解释变量为虚拟变量*Mis*，以及交互项*Mis_SOE*。我们将回归结果汇报在表4-8中。

表4-8 股市错误定价、产权性质与投资效率

	（1）	（2）	（3）	（4）
	Invest_Effi			
	全样本	国有企业样本	民营企业样本	全样本
Mis	0.040***	0.035***	0.035***	0.047***
	[8.11]	[4.97]	[5.04]	[7.45]
SOE				–0.021***
				[–3.76]
Mis_SOE				–0.018**
				[–2.24]
True_Growth	–0.003	–0.004	–0.006	–0.006

续表

	（1）	（2）	（3）	（4）
	Invest_Effi			
	全样本	国有企业样本	民营企业样本	全样本
True_Growth	[−0.69]	[−0.85]	[−0.93]	[−1.45]
Leverage	0.112***	0.107***	0.123***	0.111***
	[6.09]	[4.01]	[4.78]	[6.05]
Asset	−0.012***	−0.010***	−0.016***	−0.012***
	[−18.77]	[−13.69]	[−12.21]	[−18.39]
Cash	0.022	−0.017	0.056*	0.027
	[1.00]	[−0.48]	[1.94]	[1.21]
CF	0.301***	0.395***	0.235***	0.302***
	[5.79]	[4.92]	[3.46]	[5.81]
Ln_Age	−0.001	−0.004	0.009**	0.004
	[−0.48]	[−0.79]	[2.30]	[1.24]
_cons	0.026	0.068***	−0.018	0.033**
	[1.56]	[2.77]	[−0.80]	[1.98]
Industry/Year	Yes	Yes	Yes	Yes
N	24952	11344	13608	24952
R-sq	0.054	0.053	0.062	0.056

注：*表示10%水平上显著（p<0.1），**表示5%水平上显著（p<0.05），***表示1%水平上显著（p<0.01）。

表4-8中，列（1）为全样本的回归结果，列（2）为国有企业样本的回归结果，列（3）为民营企业样本的回归结果，列（4）同样为全样本回归，但在列（1）的基础上进一步加入了虚拟变量*SOE*，以及交互项*Mis_SOE*。

观察列（1）可知，*Mis*的系数为0.040，且在1%的水平上显著，这表明在股价高估时期，企业的投资效率显著降低。在列（2）、列（3）的分样本回归中，*Mis*的系数同样显著为正，这表明在股价高估时期，国有企业与民营企业的投资效率均有所降低。为了探究股市错误定价对国有企业与民营企业投资效率影响的异同，我们进行了列（4）的回归。观察列（4）可知，*Mis*的系数为0.047，且在1%的水平上显著，这表明民营企业在股价高估时期的投资效率显著降低，而交互项*Mis_SOE*的系数为-0.018，且在5%的水平上显著，这表明在股价高估时期，国有企业的投资效率虽然也有所降低，但降低的幅度显著低于民营企业。造成这一结果的原因可能在于“增加过度投资机制”在国有企业与民营企业中的不同解释力，对于民营企业而言，其更可能在股价高估的时候进行过度投资，投资效率的降低程度也相应更高。该部分的回归结果证实了假设4-5b与假设4-6b。

4.6 进一步的研究：产权性质与企业过度投资

前文的研究显示，股市错误定价会影响企业的投资规模，企业在股价高估时期的投资规模显著高于股价低估时期，且这种现象在民营企业样本中更为显著。我们对这一现象进行深入研究后发现，民营企业在股价高估时期的股权融资交易更为活跃，且更可能在募集大规模资金后进行过度投资。为什么相较于国有企业而言，民营企业更可能在股价高估时期进行过度投资？我们在前文的理论分析中曾指出，相较于国有企业而言，民营企业有明显的过度投资激励以及更为有利的客观条件。在该部分，我们将从这两个方面对这一问题进行深入的分析。

4.6.1 过度投资激励

所谓过度投资，指的是企业参与到对企业价值而言并非最优的投资项目之中，尤其是指净现值小于零的投资项目。既然过度投资意味着企业价值的减损，那么为什么企业过度投资的现象依然普遍存在？其中一个重要原因在于股东利益与高管利益的不一致。过度投资虽然会降低企业的价值，但可以从以下两个维度为高管带来私人收益。第一，过度投资能够帮助企业高管建立属于自己的“商业帝国”，管理更大规模的企业意味着更高的社会地位、更大的社会影响力、更高的在职消费水平，以及更高的满足感；第二，大量研究显示，企业高管的薪酬往往与企业规模有着极高的关联度，企业规模越大，企业高管的薪酬越高，过度投资能够直接扩大企业规模，增加企业高管的薪酬。上述两点潜在的激励对民营企业高管而言更为显著、直接。民营企业高管可以通过过度投资的方式迅速提升企业规模，进而提升自己的货币收益（Pecuniary Benefit）与非货币收益（Non Pecuniary Benefit），因此，民营企业高管过度投资的动机更强。由于非货币收益往往难以度量，在该部分，我们将首先验证高管薪酬与企业规模之间的关系，进而研究过度投资对高管薪酬的提升作用。我们构造了回归方程（4–11）和（4–12）。方程（4–11）和（4–12）中的被解释变量均为企业前三大高管的薪酬总计（单位：万元）。其中，方程（4–11）的主要解释变量为企业资产规模*Asset*，该方程主要研究高管薪酬与企业规模之间的关系。方程（4–12）的主要解释变量为虚拟变量*Over_Invest*，该方程主要研究企业过度投资对企业高管薪酬的影响，为了保证研究结果的稳健性，我们在回归中控制了滞后两期的高管薪酬，以研究过度投资对高管薪酬增量的影响。我们将回归结果汇报在表4–9中。

表4-9　过度投资激励

	(1)	(2)	(3)	(4)	(5)	(6)	(7)	(8)
	Salary							
	全样本	国有企业样本	民营企业样本	全样本	全样本	国有企业样本	民营企业样本	全样本
Asset	7.639***	3.768***	14.919***	20.480***				
	[3.62]	[3.53]	[2.78]	[6.94]				
SOE				1.305				-9.152***
				[0.55]				[-4.42]
Asset_SOE				-20.375***				
				[-8.56]				
Over_Invest					23.789***	16.044***	26.567***	29.686***
					[8.41]	[7.29]	[7.52]	[7.46]
Over_SOE								-13.296***
								[-3.20]
Leverage	70.791***	55.740***	73.643***	68.616***	27.520***	12.276***	37.305***	30.471***
	[12.29]	[7.86]	[9.04]	[12.05]	[4.02]	[2.72]	[4.51]	[4.28]

续表

	(1)	(2)	(3)	(4)	(5)	(6)	(7)	(8)
	Salary							
	全样本	国有企业样本	民营企业样本	全样本	全样本	国有企业样本	民营企业样本	全样本
Cash	100.925***	134.010***	101.365***	107.017***	48.320***	20.447**	65.986***	48.762***
	[10.63]	[8.71]	[8.34]	[11.34]	[4.01]	[1.97]	[4.56]	[4.05]
CF	98.438***	46.467**	129.772***	97.551***	62.632***	33.900**	84.318***	62.840***
	[6.99]	[2.56]	[6.63]	[6.93]	[5.22]	[2.54]	[4.72]	[5.23]
Board	10.762***	8.279***	7.668***	8.105***	4.037***	1.872**	3.537**	4.333***
	[9.05]	[6.63]	[4.50]	[7.52]	[3.48]	[2.14]	[2.44]	[3.65]
Duality	9.993***	18.686***	4.361	6.155**	6.674***	8.138**	3.013	4.058*
	[3.49]	[3.65]	[1.28]	[2.18]	[3.04]	[2.49]	[1.11]	[1.88]
Ind_Board	0.127	-4.741	13.327**	2.674	-2.989	-2.167	1.456	-2.479
	[0.04]	[-1.56]	[2.43]	[0.90]	[-1.46]	[-1.02]	[0.39]	[-1.22]
Profit	3.324***	2.281***	5.747***	3.523***	1.645***	0.267**	4.309***	1.693***
	[5.22]	[6.60]	[3.44]	[6.05]	[2.64]	[2.40]	[3.27]	[2.70]
ROA	341.206***	388.219***	269.310***	330.131***	132.796***	120.936***	100.038***	131.097***

续表

	(1)	(2)	(3)	(4)	(5)	(6)	(7)	(8)
	Salary							
	全样本	国有企业样本	民营企业样本	全样本	全样本	国有企业样本	民营企业样本	全样本
ROA	[13.21]	[14.37]	[6.00]	[13.68]	[5.93]	[6.55]	[4.01]	[5.89]
Growth_Revenue	4.545**	5.326*	1.888	3.464*	11.755***	15.226***	8.780**	11.276***
	[2.08]	[1.74]	[0.68]	[1.65]	[3.66]	[5.25]	[2.22]	[3.48]
$Salary_{t-2}$					0.715***	0.881***	0.643***	0.713***
					[6.41]	[38.62]	[5.34]	[6.40]
_cons	−163.586***	−145.398***	−158.687***	−145.113***	−65.436***	−31.359***	−78.949***	−65.470***
	[−13.69]	[−12.50]	[−8.24]	[−13.46]	[−4.42]	[−3.81]	[−4.24]	[−4.42]
Industry/Year	Yes	Yes	Yes	Yes	Yes	Yes	Yes	Yes
N	23712	10093	13619	23712	20970	9369	11601	20970
R-sq	0.314	0.335	0.361	0.349	0.665	0.728	0.661	0.666

注：*表示10%水平上显著（p<0.1），**表示5%水平上显著（p<0.05），***表示1%水平上显著（p<0.01）。

$$Salary_{i,t} = \alpha + \beta_1 Asset_{i,t-1} + \beta_2 Controls_{i,t-1} + \beta_3 \sum Ind + \beta_4 \sum Year + \varepsilon_t \quad (4-11)$$

$$Salary_{i,t} = \alpha + \beta_1 Over\_Invest_{i,t-1} + \beta_2 Salary_{i,t-2} + \beta_3 Controls_{i,t-1} + \beta_4 \sum Ind + \beta_5 \sum Year + \varepsilon_t \quad (4-12)$$

表4–9中，列（1）至列（4）为方程（4–11）的回归结果，主要用于刻画企业高管薪酬与企业规模之间的关系。其中，列（1）为全样本的回归结果，列（2）为国有企业样本的回归结果，列（3）为民营企业样本的回归结果，列（4）同样为全样本回归，但在列（1）的基础上加入了虚拟变量*SOE*，以及资产规模*Asset*与虚拟变量*SOE*的交互项*Asset_SOE*。列（1）的全样本回归结果显示，*Asset*的系数为7.639，且在1%的水平上显著，这表明企业的资产规模越大，企业高管的薪酬越高。列（2）、列（3）的分样本回归结果显示，这一现象在国有企业与民营企业样本中均存在，但企业规模对高管薪酬的提升作用在民营企业样本中显著强于国有企业样本。为了进一步验证这一猜想，我们在列（4）中同时加入了企业资产规模*Asset*、虚拟变量*SOE*，以及二者的交互项*Asset_SOE*，回归结果显示，*Asset*的系数为20.480，且在1%的水平上显著，交互项的系数为–20.375，同样在1%的水平上显著，这表明资产规模对民营企业高管的薪酬有着显著的正向影响，但这一影响在国有企业样本中几乎被完全抵消。

列（5）至列（8）为方程（4–12）的回归结果，我们考察了企业过度投资对企业高管薪酬的影响。其中，列（5）为全样本的回归结果，列（6）为国有企业样本的回归结果，列（7）为民营企业样本的回归结果，列（8）同样为全样本回归，但在列（5）的基础上加入了虚拟变量*SOE*以及交互项*Over_SOE*。列（5）的全样本回归结果显示，上一年度进行了过度投资的企业，高管的薪酬显著上升。列（6）、列（7）的分样本回归结果表明，过度投资对企业高管薪酬的提升作用在国有企业与民营企业样本中均显著存在，但在民营企业样本中显著强于国有企业样本。列（8）的回归结果同样显示，过度投资提高了国有企业与民营企业高管的薪酬水平，且这一影响在民营企业中显著更强。

一个需要特别声明的问题是，在前文的分析中我们曾指出，国有企业高管的薪酬往往较为固定，那么为什么在表4-9的回归结果中，企业规模与企业过度投资行为会影响国有企业的高管薪酬呢？其原因在于我们对国有企业的界定方式。在本章的研究中，我们是根据实际控制人的性质来定义企业产权性质的，部分企业的实际控制人虽然是国有企业，但它们是通过金字塔结构来控制底部企业的，位于金字塔底部的企业可能与民营企业有着类似的经营与治理模式，而根据本章的产权性质定义方式，我们仍然将其定义为国有企业。这种定义方式的缺陷，会使得回归方程低估国有企业与民营企业高管薪酬受企业资产规模、过度投资行为影响的差异。然而，即便是在这种情况下，我们的回归结果也显示，国有企业与民营企业高管过度投资的潜在激励存在显著差异。

4.6.2 客观条件

在前文的分析中，我们从潜在的激励入手，分析指出国有企业与民营企业高管在过度投资的潜在激励上存在显著的差异。然而，仅仅有过度投资的激励还不足以形成过度投资的事实，毕竟过度投资会损害企业价值，企业股东有动机阻止企业的过度投资行为，因此，对企业重大决策的话语权与决策权，就成为企业过度投资的一个必要的客观条件。我们在理论部分的分析中指出，国有企业的投资决策不仅需要得到企业高管的认可，还需要相关政府部门的批准，除此之外，国有企业的投资在很大程度上与政府的规划、地方的发展有着极大的关联，国有企业高管不太可能因短期的融资规模上升而单方面地为企业制订过度投资的计划，并最终将其落实。而民营企业则不一样，民营企业高管对企业的话语权和决策权较强，企业的重大决策在很大程度上可以在企业内部完成制定并实施，且我国民营企业普遍存在两权合一的现象。对研究样本进行统计分析后发现，对于国有企业样本而言，仅有约9.9%的样本企业董事长与总经理是同一个人，而对于民营企业样本而言，有约28.1%的样本企业董事长与总经理是同一个人。两权合一的现象有助于进一步增强民营企业高管对企业重要投资决策的话语权与决策权，为企业在股价高估时期的过度投资提供必要的客观条件。为了验证这一观点，我们构造了回归方程（4–13）。其中，被解释变量为虚拟变量*Over_Invest*，主要的解释变量为虚拟变量*Mis*、虚拟变量*Duality*，以及二者的交互项*Mis_Duality*。当股价存在高估的时候，*Mis*取1，否则取0；当企业董事长兼任总经理的时候，*Duality*取1，否则取0。我们将回归结果报告在表4–10中。

$$Over\_Invest_{i,t} = \alpha + \beta_1 Mis_{i,t-1} + \beta_2 Duality_{i,t-1} + \beta_3 Mis\_Duality_{i,t-1} + \beta_4 Controls_{i,t-1} + \beta_5 \sum Ind + \beta_6 \sum Year + \varepsilon_t \quad (4\text{–}13)$$

表4–10中，列（1）为全样本的回归结果，列（2）为民营企业样本的回归结果，列（3）为国有企业样本的回归结果。列（1）的回归结果显示，*Mis*的系数显著为正，这表明在股价高估时期，企业过度投资的概率显著上升，而交互项*Mis_Duality*的系数同样显著为正，这表明如果企业存在两权合一的现象，那么企业在股价高估时期参与过度投资的概率进一步上升。列（2）民营企业样本的回归结果显示，虚拟变量*Mis*与交互项*Mis_Duality*的系数显著为正，这表明民营企业在股价高估时期参与过度投资的概率显著上升，且当企业存在两权合一、高管对企业重要决策的话语权更大的时候，这种影响更为显著。列（3）国有企业样本的回归结果显示，虚拟变量*Mis*与交互项*Mis_Duality*均不显著，这表明无论国有企业是否存在两权合一的现象，其在股价高估时期进行过度投资的

概率均没有显著变化，其原因在于国有企业内部不能单方面地决定企业的重大投资决策，且国有企业的投资行为需要与国家、地方的发展相契合，企业不太可能因短期的融资规模上升而出现过度投资的现象。

表4-10 客观条件

	(1)	(2)	(3)
		Over_Invest	
	全样本	民营企业样本	国有企业样本
Mis	0.130***	0.192***	0.041
	[5.56]	[5.73]	[1.22]
Duality	−0.060	−0.071	0.036
	[−1.58]	[−1.48]	[0.55]
Mis_Duality	0.166***	0.146**	−0.028
	[3.59]	[2.56]	[−0.31]
True_Growth	−0.166***	−0.231***	−0.133***
	[−12.30]	[−9.86]	[−7.63]
Leverage	0.108**	0.058	0.170**
	[2.13]	[0.84]	[2.15]
Asset	0.010***	0.004	0.018***
	[3.77]	[0.75]	[5.36]
Cash	−0.050	−0.235**	0.457***
	[−0.66]	[−2.49]	[3.54]
CF	1.010***	0.945***	1.171***
	[9.72]	[7.06]	[7.01]
Ln_Age	−0.055***	−0.045***	−0.044*
	[−4.59]	[−2.94]	[−1.93]

续表

	(1)	(2)	(3)
	Over_Invest		
	全样本	民营企业样本	国有企业样本
_cons	0.021	0.312*	-0.207
	[0.17]	[1.76]	[-1.19]
Industry/Year	Yes	Yes	Yes
N	21887	12339	9548
pseudo R-sq	0.030	0.031	0.048

注：*表示10%水平上显著（$p<0.1$），**表示5%水平上显著（$p<0.05$），***表示1%水平上显著（$p<0.01$）。

4.7 内生性检验与稳健性检验

4.7.1 内生性检验

同上一章进行内生性检验的理由与方法相类似，本章的研究虽然采用市账比分解的方法将市账比分解为度量股市错误定价程度的指标与度量企业真实成长机会的指标，并在回归中控制了企业的真实成长机会，但仍不能确保消除内生性问题对本章研究结论的影响。因此，为了进一步消除内生性问题对研究结论的影响，我们在本部分采用工具变量回归的方式对本章的研究结果进行检验。具体而言，我们采用的工具变量为同行业、同年度其他企业股票错误定价程度的平均值（*Mis_Mean*）与滞后期的企业股票错误定价程度。已有研究显示，不同企业间的股票错误定价程度是相互关联的，股价的波动也往往呈现出一定程度的市场同步性，且这种现象在同行业企业中更为显著。在牛市的时候，各个企业的股价普遍存在高估，而在熊市的时候，各个企业的股价则普遍存在低估。除此之外，同行业其他企业的股票错误定价程度与该企业的投融资决策不存在直接的关联，满足外生性要求。而采用滞后期的企业股票错误定价程度作为工具变量，是因为企业在不同时点的股价与股票错误定价程度存在较高的相关性，而滞后期的企业股票错误定价程度又能够在较大程度上满足外生性的要求。

我们将第二阶段的回归结果汇报在表4-11中。其中，列（1）为全样本的回归结果，列（2）为国有企业样本的回归结果，列（3）为民营企业样本的回归结果。可以发现，列（1）至列（3）中*Mis*的系数均显著为正，具体而言，列（1）全样本回归中*Mis*的系数为0.194，列（2）国有企业样本回归中*Mis*的系数为0.152，列（3）民营企业样本回归中*Mis*的系数为0.234，民营企业样本的回归系数显著大于国有企业样本的回归系数。该部分的回归结果显示，在使用工具变量回归的方式消除内生性问题后，股市错误定价依然显著影响着企业的投资规模，且对民营企业的影响程度远远高于对国有企业的影响程度。

表4-11　内生性检验

	（1）	（2）	（3）
	Invest		
	全样本	国有企业样本	民营企业样本
Mis	0.194***	0.152***	0.234***
	[15.07]	[8.39]	[11.23]
True_Growth	0.029***	0.024***	0.039***
	[8.20]	[5.22]	[6.47]
Leverage	0.040***	0.053**	0.052**
	[2.89]	[2.56]	[2.55]

续表

	(1)	(2)	(3)
	Invest		
	全样本	国有企业样本	民营企业样本
Asset	-0.003***	-0.004***	-0.001
	[-4.00]	[-4.19]	[-0.51]
Cash	-0.048**	-0.013	-0.064**
	[-2.24]	[-0.39]	[-2.20]
CF	0.478***	0.611***	0.395***
	[18.13]	[15.46]	[10.59]
Ln_Age	-0.035***	-0.033***	-0.031***
	[-10.40]	[-5.54]	[-6.61]
_cons	-0.007	-0.008	-0.045
	[-0.27]	[-0.21]	[-1.21]
Industry/Year	Yes	Yes	Yes
N	25369	11168	13241
R-sq	0.019	0.030	0.020

注：*表示10%水平上显著（p<0.1），**表示5%水平上显著（p<0.05），***表示1%水平上显著（p<0.01）。

4.7.2 稳健性检验

为了检验本章结论的可靠性，我们运用多种不同的方式对本章的回归结果进行了稳健性检验。

与上一章中稳健性检验的理由相似，我们分别采用了以下三种方式进行稳健性检验。首先，在股权分置改革实施之前，国有股与法人股往往不能在交易所交易流通，这使得企业大股东、高管对股价涨跌与股票估值水平关注不足，更不太可能针对股市错误定价来调整企业的投融资决策，因此，我们只保留了股权分置改革完成后的企业样本，并将结果报告在表4–12的列（1）中。其次，本章的研究显示，股市错误定价是通过影响企业股权融资决策，进而影响企业投资决策的，因此，我们剔除了样本期间没有进行过股权融资的样本企业，并将回归结果报告在表4–12的列（2）中。最后，企业的投资规模会受到企业成长机会的影响，成长机会大的企业拥有的投资机会更多，投资规模也往往更大。为了确保研究结论的稳健性，我们用企业的营业总收入增长率*True_Growth_2*作为企业成长机会的代理变量，并将回归结果报告在表4–12的列（3）中。观察表4–12的列（1）至列（3）可以发现，变量*Mis*的系数依次为0.074、0.086和0.063，且均在1%的水平上显著，这表明股价高估提高了企业的投资规模，而交互项*Mis_SOE*的系数依次为–0.060、–0.058和–0.055，也均在1%的水平上显著，这表明股价高估对企业投资规模的提升作用在民营企业样本中显著强于国有企业样本。

在本章的研究中，我们运用企业的总资产增长率刻画企业投资规模，即 $\Delta Asset_{i,t}/Asset_{i,t-1}$。为了确保研究结论的稳健性，我们还运用企业当期资本性支出与企业上一期期末总资产的比值*Invest_2*，度量企业的投资规模，即 $CAPX_{i,t}/Asset_{i,t-1}$。我们将回归结果汇报在表4–12的列（4）中，可以发现，变量*Mis*的系数为0.007，且在1%的水平上显著，而交互项*Mis_SOE*的系数为–0.006，同样在1%的水平上显著，这表明股价高估显著提高了企业的投资规模，且这种影响在民营企业样本中显著强于国有企业样本。

表4–12　稳健性检验

	(1)	(2)	(3)	(4)
		Invest		*Invest_2*
Mis	0.074***	0.086***	0.063***	0.007***
	[8.63]	[9.02]	[7.94]	[5.36]

续表

	(1)	(2)	(3)	(4)
		Invest		*Invest_2*
SOE	0.011	0.019**	0.009	0.003***
	[1.23]	[2.31]	[1.25]	[2.61]
Mis_SOE	−0.060***	−0.058***	−0.055***	−0.006***
	[−5.10]	[−4.65]	[−5.42]	[−3.32]
Leverage	0.106***	0.030	0.029	−0.010***
	[3.92]	[1.09]	[1.34]	[−3.91]
Asset	−0.005***	−0.005***	−0.007***	−0.000***
	[−5.25]	[−5.66]	[−9.79]	[−3.11]
Cash	−0.067**	−0.005	0.014	−0.010***
	[−2.12]	[−0.13]	[0.48]	[−2.66]
CF	0.560***	0.672***	0.605***	0.152***
	[7.83]	[9.14]	[9.74]	[24.49]
Ln_Age	−0.026***	−0.034***	−0.028***	−0.015***
	[−5.98]	[−7.13]	[−7.38]	[−23.37]
True_Growth	0.036***	0.029***		−0.002***
	[6.20]	[4.69]		[−2.87]
True_Growth_2			0.000	
			[0.31]	
_cons	−0.010	0.030	0.045**	0.093***
	[−0.38]	[1.12]	[2.10]	[20.81]
Industry/Year	Yes	Yes	Yes	Yes
N	19238	18984	25575	24923
R-sq	0.047	0.061	0.050	0.153

注：*表示10%水平上显著（p<0.1），**表示5%水平上显著（p<0.05），***表示1%水平上显著（p<0.01）。

4.8 本章小结

在第3章的研究中我们发现，股市错误定价会影响企业的股权融资决策，企业在股价高估阶段参与股权融资的概率更高、股权融资规模更大，且这一现象在民营企业样本中更为显著。基于第3章的研究结论，我们继续以股市错误定价为出发点，研究企业在股权融资后的投资行为，并得出了以下结论。①股市错误定价会影响企业的投资行为，企业在股价高估时期的投资规模显著高于股价低估时期。②国有企业与民营企业投资行为受股市错误定价的影响存在显著差异，具体而言，民营企业投资行为受股市错误定价的影响显著强于国有企业。③股价高估的“减少投资不足机制”在国有企业与民营企业样本中均不存在。④股价高估的“增加过度投资机制”在民营企业中显著存在，在国有企业中并不存在。⑤股价高估降低了企业的投资效率，且这种影响在民营企业中显著强于国有企业。⑥民营企业之所以在股价高估阶段表现出更高概率的过度投资，其原因在于民营企业高管有过度投资的潜在激励与实施过度投资的客观条件：一方面，过度投资有助于民营企业高管构建自己的“商业帝国”，并为自身提供更高的薪酬，这构成了民营企业高管过度投资的潜在激励；另一方面，民营企业高管对企业资金的使用有着较大的决策权，这构成了民营企业高管过度投资的客观条件。

本章在严格区分产权性质的基础上，研究了股市错误定价对国有企业与民营企业投资行为的影响，填补了相关领域的空白，并具有较大的政策指导意义。首先，本章发现了股市错误定价对中国上市企业投资行为的影响，即股价高估为企业提供了畅通的股权融资渠道，并为企业投资提供了更为充足的资金支持，促进了企业投资。该发现提供了金融系统影响实体经济的新证据，相关部门应该提高对金融系统的重视程度，正确引导金融市场发展，助力实体经济增长。其次，本章的研究强调了“减少投资不足机制”与“增加过度投资机制”这两种机制的重要性，并详细评估了两种机制在不同产权性质企业中的解释力。研究发现，“增加过度投资机制”显著影响着民营企业的投资活动，并可能造成民营企业的过度投资和投资效率低下等问题。相关政策制定者有必要规范企业在不同金融形势下的投资活动，避免企业的无效率投资。最后，本章的研究指出，民营企业高管具有明显的过度投资激励与实施过度投资的客观条件，这会导致企业投资效率的降低，影响投资者的权益。监管部门应该出台相关政策，进一步完善公司治理结构，以期提高企业投资效率，并更好地保护投资者的权益。

5 过度投资、股价下跌与财务困境

5.1 引言

在第3章与第4章的研究中，我们在区分产权性质的基础上，系统研究了股市错误定价对企业融资、投资决策的影响。研究发现，股市错误定价会直接影响企业的股权融资决策，进而影响企业的投资决策。具体而言，企业在股价高估时期参与股权融资的概率更高、股权融资规模更大，投资规模也随着融资规模的上升而显著上升，且民营企业在股价高估时期的融资、投资规模均显著高于国有企业，民营企业也更可能在股价高估时期出现过度投资的问题。第3章与第4章的研究指出，股市错误定价很可能是民营上市企业过度投资的一个重要成因。

过度投资普遍存在于企业发展历程之中（江轩宇和许年行，2015；姜付秀等，2009；俞红海等，2010）。大量文献也就过度投资的成因及经济后果展开了细致的研究。然而，在笔者看来，已有针对企业过度投资展开的研究存在以下两方面局限性。

第一，忽略了外部股市环境的重要性。一方面，正如上一章的研究结论所示，股市错误定价是导致民营企业过度投资的一个重要原因，股市错误定价显著影响着民营企业的投资规模，且民营企业在股价高估时期更容易表现出过度投资的问题。另一方面，股市错误定价对企业过度投资的影响不是瞬时的，而是持久的。企业的投资往往是一个长期、持续的过程，除了前期的启动外，还需要后期源源不断的资金、资源投入，股市环境的变动可能会影响企业持续投入资金、资源的能力，并加剧企业过度投资的不良后果。具体而言，股票的错误定价程度往往与金融周期有着明显的相关性，在牛市的时候，往往存在严重的股价高估，而一旦进入熊市，股价高估的程度会迅速降低，甚至出现股价低估的可能性。自21世纪以来，中国股市已经经历了数次牛市、熊市，且部分情况下，基本面的变动无法完全解释股市的波动。在此背景下，前一年企业可能还忙于在股市高位参与融资、投资活动，而下一年股市就已经进入了下行通道，股价的下跌意味着企业无法再获得持续、低成本的外部融资，企业也更可能因前期的过度投资而陷入财务困境。即便没有金融周期的影响，股价均值回归的特征也意味着股价高估一类的错误定价不会持续存在，估值过高企业的股价会逐渐回落到其真实价值附近。因此，无论是股市的整体波动还是个股股价的波动，都有可能增加企业因过度投资而陷入财务困境的可能性。

第二，忽略了产权性质的重要性。首先，正如上一章的研究结论所示，股市错误定价仅仅会引起民营企业的过度投资问题，对国有企业却不存在显著的影响。其次，国有企业自身雄厚的财力能够帮助其有效抵御、消除过度投资的不良后果。最后，国有企业有可能会成为帮助因过度投资而陷入财务困境的民营企业渡过难关的重要力量。由股市错误定价所导致的过度投资主要发生在民营企业，一旦股市下跌，民营企业的融资能力就会受到影响，企业将难以获得持续的融资来维持项目投资，可能会选择以出售资产的方式为自身提供资金支持。而这个时候，自身财力雄厚且有着稳定融资渠道的国有企业，更有可能参与对民营企业资产、股权的收购，这样一来既帮助民营企业渡过了难关，也起到了促进经济社会平稳健康发展的重要作用。因此，在由股市错误定价所导致的过度投资问题中，产权性质始终发挥着重要的作用。

基于现实的观察也发现，在研究企业过度投资问题的时候，需要给予股市环境和产权性质足够的重视。

近年来，部分深陷财务困境，甚至濒临破产的民营企业在国有企业的帮助下渡过了难关。而对相关人士的采访则显示，这类企业往往是那些不专注于自身核心业务、寻求过度投资和过度扩张的民营企业，真正踏踏实实做业务的民营企业很容易获得金融机构的青睐，而且这些企业自身也并不缺少资金。除此之外，股市等外部融资环境的变化也在其中起到了关键的作用。

那么，股市错误定价与股价下跌是否会加剧企业过度投资问题的不良后果？国有企业又如何发挥经济稳定器的作用？本章试图对这一系列问题进行回答。

本章余下部分的安排如下：第2节为“理论分析与研究假设”，第3节为“数据、变量与方法”，第4节为“实证结果与分析”，第5节为“进一步的研究：考虑民营企业的特征”，第6节为“稳健性检验”，第7节为“本章小结”。

5.2 理论分析与研究假设

企业应该如何选择投资项目？一个最基本的原则就是企业应该接受净现值大于零的项目，拒绝净现值小于零的项目。接受净现值大于零的项目能够提升企业、股东价值，而接受净现值小于零的项目则会损害企业、股东价值。然而，对现实的观察显示，企业的投资决策在很多情况下偏离了这一基本而简单的原则，企业在很多情况下会接受净现值小于零的投资项目，部分企业也因此表现出严重的过度投资问题。

过度投资问题普遍存在，其影响不仅在于对企业价值、资源配置效率的损害，在很多情况下，企业的过度投资还会加剧企业风险，增加企业陷入财务困境甚至破产的可能性。

首先，过度投资意味着消耗企业的资源，投资于净现值为负的投资项目。企业将有限的资金、资源投入到有损企业价值的项目之中，可用于企业正常经营发展的资金、资源会被挤占，这样企业更可能陷入财务困境。

其次，过度投资往往发生在与企业主营业务无关、企业原本不熟悉的领域，如跨行业的并购投资等。而不同行业、部门有着特定的技术与管理模式，企业高管可能并不具备管理其他行业企业的经验与才能，这可能会进一步增加企业陷入财务困境的可能性。

最后，过度投资往往发生在某些特定的情景之下，如股价高估的时期。股市高涨可以在短期内帮助企业募集大规模资金，企业也会随之进行大规模的投资活动。在这种情景下，有两方面的原因可能会导致企业风险增加。第一，当企业资金比较紧缺的时候，经理人对每一笔资金的使用都会精打细算、仔细评估，而当企业突然获得一大笔资金的时候，经理人对每笔资金的重视程度就会有所下降，仔细评估每一笔投资的主观意愿也有所降低。第二，当企业在短期内同时完成了大规模的资金募集活动和投资活动时，就意味着企业对于每一个投资项目的规划、筹措时间可能是不足的，难以对每一笔投资进行细致的评估。以上两点原因均可能进一步增加投资的风险与企业陷入财务困境的可能性。

因此，我们认为过度投资会增加企业陷入财务困境的可能性。除此之外，我们还认为，这种影响在不同产权性质的企业中可能有着不同的表现形式。

一方面，正如上一章的分析与研究结论所示，国有企业的投资往往与政府规划和经济社会发展有着较高的关联程度，且国有企业的决策链条相对较长，不太可能在短期内对企业的投资行为做出大规模的调整。而民营企业则不一样，民营企业的决策链条十分灵活，且高管、大股东对企业有着极大的话语权，能够根据企业短期的股价、资金水平变化，对企业的投资进行大规模的调整，这也意味着民营企业更可能在某些特定的情景下出现过度投资的问题。

另一方面，国有企业自身抵御风险的能力更强。国有企业的规模更大，资金来源更为稳定，且企业内部的经营也能够产生持续、稳定的现金流，即便过度投资对国有企业产生了一定程度的负面影响，也不一定会使国有企业陷入财务困境。相较于国有企业而言，民营企业往往规模较小、业务单一、现金流不稳定，过度投资的负面影响更可能使企业陷入财务困境。

因此，我们提出以下假设。

假设5–1：过度投资会增加企业陷入财务困境的可能性。

假设5–2：相较于国有企业而言，民营企业更可能因过度投资而陷入财务困境，且民营企业摆脱财务困境所需的时间长于国有企业。

过度投资可能会增加企业风险，并导致企业陷入财务困境，而当时所处的股市环境同样会起到重要的作用。

首先，股市环境会影响企业的外部融资能力，进而影响企业抵御风险的能力和因过度投资而陷入财务困境的概率。当股市高涨的时候，一方面，企业的股权融资渠道更为畅通；另一方面，企业资产价值的上升有助于提升企业的债务融资能力。而当股市低迷的时候，企业的外部融资能力较弱，前期存在过度投资问题的企业无法获得持续的外部资金支持，更可能陷入财务困境。

其次，股市的波动有可能会增加企业陷入财务困境的可能性。自21世纪以来，中国的股市已经经历了多次的牛市、熊市更替，并直接影响着企业的投融资决策。在前两章的研究中我们指出，在股市高涨、股价高估的时期，企业会参与更多的股权融资与投资活动，且这种现象在民营企业中更为显著。但是，股市的走势是无法预测的，可能前一年企业还在股市高位忙着融资、投资，后一年股市就已经进入了下行通道。即便没有金融市场的大幅度波动，股价均值回归的特征也意味着个股股价不可能存在持续的高估，估值过高股票的价格会逐渐回落到其真实价值附近。然而，企业的投资活动往往不是一步到位的，除了前期的启动外，还需要后期源源不断的资金、资源投入，一旦股市开始下跌，或者个股股价的高估程度开始回落，就意味着企业难以再获得持续、低成本、大规模的外部融资，企业也更可能因前期的过度投资而陷入严重的财务困境。

因此，我们提出以下假设。

假设5-3：股市、个股价格的下跌会增加企业因过度投资而陷入财务困境的可能性。

企业应该采取什么样的办法摆脱财务困境？不同产权性质的企业有着不同的应对办法。对于国有企业而言，其更易于获得政府支持与银行贷款，而民营企业在这些方面相对困难。在民营企业内部不能产生足够的现金流，且外部融资也不能为其提供足够资金支持的情况下，一个比较可行的办法就是以出售资产的方式缓解企业的财务压力。通过出售资产，一方面可以为企业带来直接的现金收入，另一方面也可以减少后期的经营成本。而在股市整体下行的时间段里，民营企业往往都会面临一定程度的融资约束，财力雄厚、融资渠道畅通的国有企业更可能成为收购方。且国有企业注重就业、经济社会发展等目标的特征，同样赋予了国有企业帮助民营企业渡过难关的动机。

因此，我们提出以下假设。

假设5-4：陷入财务困境的民营企业，可能会以出售资产的方式为企业提供支持。

假设5-5：陷入财务困境的民营企业，可能会选择将资产出售给国有企业。

那么，是不是所有陷入财务困境的民营企业，都需要靠出售资产、转移股权的方式帮助企业渡过难关呢？答案当然是否定的。不同类型的民营企业应对财务困境的方式必然是有所不同的。我们猜想，规模更小的民营企业更可能依靠出售资产的方式为自身提供资金支持。

首先，企业的规模是衡量企业实力的一个重要指标。企业的实力越强，企业内部的现金流越充足、稳定，企业抵御风险的能力越强，即便陷入财务困境，也能够凭借强大的实力摆脱财务困境，不需要依靠出售资产的方式为自身提供资金支持。

其次，企业的规模越大，外部融资能力越强。企业的规模越大，可用于抵押的资产越多、信息不对称程度越低、与银行的关系越稳定，即便陷入财务困境，也可以依靠稳定的外部融资渠道为自身提供资金支持，而不需要依靠出售资产等方式。

因此，我们提出以下假设。

假设5-6：对于规模较小的民营企业而言，因财务困境而出售资产的概率较高，而对于规模较大的民营企业而言，因财务困境而出售资产的概率较低。

5.3 数据、变量与方法

5.3.1 数据选取

本章选取2004—2017年中国沪深股市所有上市企业作为研究样本。上市企业数据均来自国泰安（CSMAR）数据库，其中包括上市企业财务数据、上市企业公司治理数据、上市企业产权性质等。除此之外，我们还从Choice数据库中提取了上市企业资产出售状况的数据，统计并整理出了上市企业资产出售状况，我们将在主要指标的构建中具体介绍相关变量的构造方法。按照已有文献的做法，本章对样本进行了如下筛选工作：①考虑到金融行业的特殊性，剔除了行业分类属于金融、保险业的企业；②剔除了样本期间终止上市的企业；③为了避免个别极端值、异常值对回归结果的影响，对连续变量数据在1%的水平上进行了双向缩尾处理（Winsorize），即将第1和第99分位数之外的数据分别用第1和第99分位数上的数值进行替换。

5.3.2 主要指标构建

（1）过度投资

本章借鉴Richardson（2006）以及黎文靖和郑曼妮（2016）的做法来评估企业是否存在过度投资的现象。我们先根据以下回归模型估计企业的预期投资规模，即企业的正常投资规模Nor_Invest：

$$Invest_{i,t}=\alpha+\beta_1 Q_{i,t-1}+\beta_2 Leverage_{i,t-1}+\beta_3 Cash_{i,t-1}+\beta_4 Age_{i,t-1}+\beta_5 Size_{i,t-1}+\beta_6 Return_{i,t-1}+\beta_7 Invest_{i,t-1}+\beta_8\sum Ind+\beta_9\sum Year+\varepsilon \tag{5-1}$$

我们对回归模型（5-1）进行回归，估计企业i在年度t的正常投资规模Nor_Invest（拟合值），如果企业的真实投资规模大于企业的正常投资规模，则表明企业存在过度投资的现象。我们定义虚拟变量过度投资$Over_Invest$，如果企业该年度的真实投资规模大于回归估计得到的正常投资规模，即企业存在过度投资的情况，虚拟变量$Over_Invest$取1，否则取0。

（2）财务困境

本章借鉴Altman（1968）以及姜付秀等（2009）的做法，构造刻画企业财务状况的变量Z指数，其计算公式为：

$$Z=0.012X_1+0.014X_2+0.033X_3+0.006X_4+0.999X_5 \qquad (5-2)$$

其中，X_1为企业运营资金/总资产，X_2为留存收益/总资产，X_3为息税前利润/总资产，X_4为股票总市值/负债账面价值，X_5为销售收入/总资产。

Z值越大，表明企业的财务状况越好，企业越不容易陷入财务困境。对于多大的Z值意味着企业面临财务困境，不同学者针对不同国家的企业进行的研究有着不同的定义方式，一个普遍被接受的观点是：当Z值大于2.675的时候，企业的财务状况良好；当Z值小于1.8的时候，企业存在很大的破产风险；当Z值介于两者之间的时候，企业处于灰色地带。因此，当企业的Z值小于1.8时，我们将企业定义为财务困境企业，虚拟变量*Distress*取1，否则取0。为了保证研究结论的稳健性，我们还运用连续变量Z值直接刻画企业的财务健康状况，得到的结论也基本一致。

（3）资产出售状况

在本章的研究中，我们将研究财务困境企业的资产出售情况。具体而言，我们将构造两个虚拟变量*If_Sell_1*与*If_Sell_2*。对于*If_Sell_1*而言，如果企业在该年度有资产出售的行为，则虚拟变量*If_Sell_1*取1，否则取0。对于*If_Sell_2*而言，如果企业在该年度有将资产出售给国有企业的行为，则虚拟变量*If_Sell_2*取1，否则取0。

（4）控制权变化情况

在本章的研究中，我们将研究财务困境民营企业的股权、控制权转移情况。具体而言，我们将构造虚拟变量*Change*，当民营企业的实际控制人性质在该年度由民营企业转变为国有企业时，*Change*取1，实际控制人的产权性质没有发生变化则取0。

5.3.3 控制变量

参考已有研究的做法（姜付秀等，2009），本章选择了以下几个变量作为控制变量。①资产负债率（*Leverage*）：企业总负债/企业总资产；②资产规模（*Asset*）：企业的资产规模（单位：百亿元）；③企业现金持有水平（*Cash*）：企业现金持有水平/企业总资产；④企业经营性现金流量（*CF*）：企业经营性现金流量净值/企业总资产；⑤董事会规模（*Board*）：企业董事会人数；⑥独立董事规模（*Ind_Board*）：董事会中独立董事人数；⑦上市年限（*Age*）：企业上市年限；⑧产权性质（*SOE*）：根据实际控制人性质定义，国有企业取1，民营企业取0。除此之外，回归模型中还控制了行业固定效应和年度固定效应。具体的变量定义如表5-1所示。

表5-1 主要变量的定义和计算方法

变量类型	变量名称	变量符号	变量描述
被解释变量	财务困境指标	*Distress*	企业面临财务困境取1，否则取0
	资产出售状况	*If_Sell_1*	企业该年度有资产出售的行为取1，否则取0
	面向国有企业的资产出售状况	*If_Sell_2*	企业该年度有将资产出售给国有企业的行为取1，否则取0
	实际控制人性质变动	*Change*	企业该年度实际控制人性质由民营企业变为国有企业取1，否则取0
解释变量	过度投资	*Over_Invest*	企业的真实投资规模大于正常投资规模取1，否则取0
控制变量	资产负债率	*Leverage*	企业总负债/企业总资产
	资产规模	*Asset*	企业的资产规模（单位：百亿元）
	企业现金持有水平	*Cash*	企业现金持有水平/企业总资产
	企业经营性现金流量	*CF*	企业经营性现金流量净值/企业总资产

续表

变量类型	变量名称	变量符号	变量描述
控制变量	董事会规模	*Board*	企业董事会人数
	独立董事规模	*Ind_Board*	董事会中独立董事人数
	上市年限	*Age*	企业上市年限
	产权性质	*SOE*	国有企业取1，民营企业取0
	行业	*Industry*	行业固定效应
	年份	*Year*	年度固定效应

资料来源：CSMAR数据库以及笔者整理。

5.3.4 回归模型

参考已有文献的做法（姜付秀等，2009），我们构造了以下几个回归模型：

$$Distress_{i,t}=\alpha+\beta_1 Over\_Invest_{i,t}+\beta_2 Over\_Invest_{i,t-1}+\beta_3 Controls_{i,t-1}+\beta_4\sum Ind+\beta_5\sum Year+\varepsilon \tag{5-3}$$

$$If\_Sell\_1_{i,t}=\alpha+\beta_1 Distress_{i,t-1}+\beta_2 Controls_{i,t-1}+\beta_3\sum Ind+\beta_4\sum Year+\varepsilon \tag{5-4}$$

$$If\_Sell\_2_{i,t}=\alpha+\beta_1 Distress_{i,t-1}+\beta_2 Controls_{i,t-1}+\beta_3\sum Ind+\beta_4\sum Year+\varepsilon \tag{5-5}$$

$$Change_{i,t}=\alpha+\beta_1 Distress_{i,t-1}+\beta_2 Controls_{i,t-1}+\beta_3\sum Ind+\beta_4\sum Year+\varepsilon \tag{5-6}$$

其中，模型（5-3）中的被解释变量为刻画企业财务困境的虚拟变量*Distress*，如果企业该年度面临财务困境，则被解释变量*Distress*取1，否则取0。模型（5-3）主要用于研究过度投资（*Over_Invest*）对企业陷入财务困境概率的影响。在不同的模型中，根据回归的需要，我们分别使用了当期的过度投资虚拟变量$Over_Invest_t$以及滞后一期的过度投资虚拟变量$Over_Invest_{t-1}$。

模型（5–4）的被解释变量为刻画企业资产出售状况的变量*If_Sell_1*，如果企业在该年度有资产出售的行为，则被解释变量*If_Sell_1*取1，否则取0。模型（5–4）主要用于研究财务困境企业的资产出售行为，即不同产权性质、特征的企业是否会以出售资产的方式来应对财务困境。

模型（5–5）的被解释变量为刻画企业面向国有企业出售资产状况的变量*If_Sell_2*，如果企业在该年度将资产出售给了国有企业，则被解释变量*If_Sell_2*取1，否则取0。模型（5–5）主要用于研究财务困境企业的资产出售行为，即民营企业是否会通过向国有企业出售资产的方式帮助自身摆脱财务困境。

模型（5–6）的被解释变量为刻画实际控制人性质变化的虚拟变量*Change*，如果企业的实际控制人性质在该年度由民营企业转变为国有企业，则虚拟变量*Change*取1，否则取0。

5.3.5 描述性统计

表5–2汇报了本章主要变量的描述性统计结果。其中，约有34.6%的样本企业存在过度投资的问题（*Over_Invest*），这说明过度投资的问题在中国上市企业中比较普遍。*Z*值的均值为5.89，标准差为8.16，这表明中国上市企业的财务状况差异显著。企业资产负债率（*Leverage*）的均值约为48.4%，资产规模（*Asset*）的均值约为114.8亿元人民币，企业现金持有水平（*Cash*）的均值约为16.7%，企业经营性现金流量（*CF*）的均值约为5.0%，董事会规模（*Board*）的均值约为9.0人，独立董事规模（*Ind_Board*）的均值约为3.2人，企业的平均上市年限（*Age*）约为10.1年，约有44.3%的样本企业为国有企业（*SOE*）。在资产出售状况方面，约14.7%的样本企业有资产出售的情况，约2.8%的样本企业有将资

产出售给国有企业的情况。这里需要特别注意的一点是，我们的资产出售状况数据来自Choice数据库，一方面，数据库可能没有记录上市企业的所有资产出售交易，另一方面，部分交易的交易对手的产权性质无法确定，但没有证据表明这种数据缺失存在系统性的偏差，因此，对本章的回归结论也不存在明显的影响。

表5-2 描述性统计

变量	平均值	标准差	最小值	最大值
Over_Invest	0.3463975	0.4758314	0	1
Z	5.885524	8.159455	-0.9548	53.4736
Leverage	0.4841056	0.2319547	0.0511707	1.500829
Asset	1.1479	3.574798	0.0155869	32.28844
Cash	0.1666207	0.1231309	0.0025422	0.6991387
CF	0.0504886	0.0959111	-0.2845954	0.3746687
Board	8.952661	1.903147	0	22
Ind_Board	3.249582	0.67702	0	8
Age	10.10028	5.781009	1	23
If_Sell_1	0.1472261	0.3543383	0	1
If_Sell_2	0.0282268	0.1656235	0	1
SOE	0.4430591	0.4967572	0	1

5.4 实证结果与分析

5.4.1 过度投资与财务困境

在理论部分的分析中我们指出，企业的过度投资行为可能会导致企业陷入财务困境。首先，过度投资意味着对企业正常生产经营所需资金、资源的挤占；其次，过度投资往往发生在与企业自身业务不相关、企业原本不熟悉的领域；最后，在由股市错误定价所导致的过度投资行为中，企业往往缺乏对投资项目的深入评估与分析。在该部分的研究中，我们将探讨企业过度投资行为与财务困境之间的关系，具体而言，企业的过度投资行为是否会导致企业陷入财务困境？

我们运用多元回归方程（5-3）对该问题进行探究，并将结果报告在表5-3中。其中，被解释变量为虚拟变量*Distress*，如果企业在该年度陷入了财务困境，则被解释变量*Distress*取1，否则取0。主要的解释变量为刻画企业过度投资状况的虚拟变量*Over_Invest*，如果企业存在过度投资的情况，则解释变量*Over_Invest*取1，否则取0。考虑到过度投资对企业财务困境的影响可能具有一定的持续性，即企业一旦因过度投资而陷入财务困境，就可能难以在较短的时间内摆脱财务困境，因此，我们在不同的回归中加入了不同时期的过度投资虚拟变量，即当期的$Over_Invest_t$与滞后一期的$Over_Invest_{t-1}$。在列（1）的回归中，我们只加入了当期的虚拟变量$Over_Invest_t$，在列（2）的回归中，我们只加入了滞后一期的虚拟变量$Over_Invest_{t-1}$，而在列（3）的回归中，我们同时加入了$Over_Invest_t$与$Over_Invest_{t-1}$。

表5-3　过度投资与财务困境

	(1)	(2)	(3)
	Distress		
$Over\_Invest_t$	0.191***		0.148***
	[5.05]		[3.57]
$Over\_Invest_{t-1}$		0.142***	0.105**
		[3.61]	[2.56]
Leverage	8.130***	7.905***	8.129***

续表

	(1)	(2)	(3)
	Distress		
Leverage	[53.65]	[48.49]	[49.44]
Cash	−3.037***	−3.062***	−3.085***
	[−16.57]	[−15.26]	[−15.15]
CF	−3.003***	−2.665***	−2.818***
	[−13.33]	[−11.32]	[−11.64]
Board	0.048***	0.050***	0.042**
	[3.15]	[3.03]	[2.48]
Ind_Board	0.172***	0.196***	0.206***
	[4.10]	[4.30]	[4.43]
Age	0.019***	0.017***	0.018***
	[5.41]	[4.77]	[4.72]
_cons	−3.622***	−3.212***	−3.329***
	[−19.53]	[−16.69]	[−17.09]
Industry/Year	Yes	Yes	Yes
N	24622	21923	21342
pseudo R-sq	0.411	0.398	0.404

注：*表示10%水平上显著（p<0.1），**表示5%水平上显著（p<0.05），***表示1%水平上显著（p<0.01）。

表5-3中，列（1）的回归结果显示，当期的虚拟变量$Over_Invest_t$的系数为0.191，且在1%的水平上显著，这表明企业当期的过度投资会增加企业陷入财务困境的可能性。具体而言，相比当期不存在过度投资的企业，当期存在过度投资的企业陷入财务困境的概率上升了6.0%。当期的过度投资对企业陷入财务困境概率的影响在统计意义与经济意义上均

十分显著。列（2）的回归结果显示，滞后一期的虚拟变量 $Over\_Invest_{t-1}$ 的系数为0.142，且在1%的水平上显著，这表明企业过度投资对财务困境的影响具有一定的持续性，相较于上一期不存在过度投资的企业而言，上一期存在过度投资的企业在该期陷入财务困境的概率上升了约4.4%。列（3）的回归结果显示，当同时控制了当期与滞后一期的企业过度投资状况后，$Over\_Invest_t$ 与 $Over\_Invest_{t-1}$ 的系数均显著为正，这进一步表明，过度投资会增加企业陷入财务困境的可能性，且这一影响具有一定的持续性，企业难以在较短的时间内摆脱财务困境。表5–3的回归结果证实了假设5–1。

除此之外，我们在控制变量方面也得到了与已有研究较为一致的结论。企业的资产负债率越高（*Leverage*），企业陷入财务困境的可能性越大。这是因为企业的资产负债率越高，意味着企业的偿还义务越重，企业经营产生的现金流需要更多地用于支付债务的利息与本金，企业也更可能陷入财务困境。企业现金持有水平越高（*Cash*），企业陷入财务困境的可能性越低。这是因为企业现金持有水平越高，企业可用于抵御风险、应对冲击的现金越多，企业越不容易陷入财务困境。企业经营性现金流量越高（*CF*），企业陷入财务困境的可能性越低。这是因为企业经营性现金流量越高，企业内部的活力越强，企业可以依靠内部充足的现金流来抵御风险，避免企业陷入财务困境。董事会规模（*Board*）越大，企业陷入财务困境的可能性越高。已有研究显示，过大规模的董事会会严重影响董事会的决策效率，这可能会增加企业陷入财务困境的可能性。独立董事规模（*Ind_Board*）的系数显著为正，这与我们的直觉并不相符，因为独立董事人数越多，往往意味着企业董事会的独立性越强，企业的决策效率应该更高。然而，仔细评估独立董事规模对财务困境的影响在经济意义上的显著性后可以发现，独立董事规模对财务困境的影响在经济意义上并不显著，当独立董事人数从第10百分位上升至第90百分位后，企业陷入财务困境的可能性仅仅从39.0%上升到了39.6%。企业的上市年限越长（*Age*），企业陷入财务困境的可能性越高。造成这一结果的原因可能是多方面的：首先，企业的上市年限越长，企业的融资、举债能力越强，企业越可能具有过度融资、过度投资的特征，企业陷入财务困境的可能性越高；其次，企业的上市年限越长，企业高管建立“商业帝国”的动机越强，企业也更可能为此进行过度投资，进而导致企业陷入财务困境。

5.4.2 过度投资、产权性质与财务困境

在前文的研究中我们发现，企业的过度投资行为会增加企业陷入财务困境的可能性，且这种影响具有一定的持续性，因过度投资而陷入财务困境的企业可能无法在短期内摆脱财务困境。在理论部分的分析中我们曾指出，产权性质可能在过度投资与财务困境之间起到了重要的作用。一方面，国有企业财力雄厚，投融资行为比较稳定，因过度投资而陷入财务困境的可能性较小；另一方面，即便陷入了财务困境，国有企业也往往能够迅速获得政府的支持与帮助，从而迅速摆脱财务困境。在该部分的研究中，我们采用分样本回归的方式，对产权性质的影响进行深入的探讨。我们将回归结果报告在表5-4中。

表5-4 过度投资、产权性质与财务困境

	(1)	(2)	(3)	(4)
	Distress			
	民营企业样本		国有企业样本	
$Over\_Invest_t$	0.233***		0.210***	
	[4.49]		[3.65]	
$Over\_Invest_{t-1}$		0.246***		0.058
		[4.51]		[0.98]

续表

	(1)	(2)	(3)	(4)
	Distress			
	民营企业样本		国有企业样本	
Leverage	7.304***	6.947***	9.014***	8.985***
	[35.85]	[31.63]	[39.47]	[36.95]
Cash	−3.011***	−2.956***	−3.199***	−3.217***
	[−12.05]	[−10.75]	[−11.78]	[−10.90]
CF	−2.957***	−2.610***	−3.135***	−2.762***
	[−10.08]	[−8.51]	[−8.81]	[−7.43]
Board	0.071***	0.078***	−0.000	−0.006
	[3.18]	[3.27]	[−0.00]	[−0.26]
Ind_Board	0.023	0.029	0.267***	0.312***
	[0.36]	[0.44]	[4.44]	[4.72]
Age	0.023***	0.020***	−0.013**	−0.010
	[4.75]	[3.98]	[−2.14]	[−1.57]
_cons	−2.941***	−2.367***	−3.728***	−3.401***
	[−10.93]	[−8.43]	[−13.88]	[−12.17]
Industry/Year	Yes	Yes	Yes	Yes
N	13713	11927	10909	9996
pseudo R−sq	0.408	0.386	0.389	0.392

注：*表示10%水平上显著（p<0.1），**表示5%水平上显著（p<0.05），***表示1%水平上显著（p<0.01）。

表5–4中，被解释变量为财务困境虚拟变量*Distress*，主要的解释变量依然为不同时期的过度投资虚拟变量$Over_Invest_t$与$Over_Invest_{t-1}$。其

中列（1）、列（2）为民营企业样本的回归结果，列（3）、列（4）为国有企业样本的回归结果。列（1）的回归结果显示，$Over_Invest_t$的系数为0.233，且在1%的水平上显著，其经济意义是，对于民营企业而言，如果企业在该年度存在过度投资的现象，则企业陷入财务困境的可能性上升了约8.8%；类似地，列（2）的回归结果显示，$Over_Invest_{t-1}$的系数为0.246，同样在1%的水平上显著，其经济意义是，对于民营企业而言，如果企业在上一年存在过度投资的现象，则企业在本年度陷入财务困境的可能性上升了约9.5%。这一结论与前文的研究结论相一致，过度投资会增加企业陷入财务困境的可能性，且这一影响在民营企业样本中有着极强的持续性，民营企业很难在短期内摆脱财务困境。

接下来，我们观察国有企业样本的回归结果。列（3）的回归结果显示，$Over_Invest_t$的系数为0.210，且在1%的水平上显著，其经济意义是，对于国有企业而言，如果企业在该年度存在过度投资的现象，则企业陷入财务困境的可能性上升了约5.3%，过度投资行为对企业陷入财务困境概率的影响在国有企业与民营企业样本中均显著存在，但在民营企业样本中显著更强。列（4）的回归结果显示，$Over_Invest_{t-1}$的系数为0.058，且并不显著，这表明国有企业当期是否面临财务困境，并不受国有企业上一期过度投资状况的影响，换句话说，过度投资对企业财务困境的影响在国有企业中不存在持续性，因过度投资而陷入财务困境的国有企业能够迅速摆脱财务困境，恢复财务健康。

在该部分的研究中，我们通过分样本回归的方式，分别检验了国有企业与民营企业的过度投资行为对二者陷入财务困境概率的影响。研究显示，无论是国有企业还是民营企业，过度投资都会增加其陷入财务困境的概率，但这种影响在民营企业中更为显著，国有企业因过度投资而陷入财务困境的概率低于民营企业。除此之外，该种影响在民营企业中有着较长的持续性，即民营企业难以迅速摆脱财务困境，而国有企业则不同，因过度投资而陷入财务困境的国有企业能够迅速恢复财务健康。表5–4的回归结果证实了假设5–2。

5.4.3 过度投资、股市下跌与民营企业财务困境

在前文的研究中我们发现，过度投资会导致企业陷入财务困境，且这种现象在民营企业中更为普遍，除此之外，民营企业也无法像国有企业那样在短期内摆脱财务困境、恢复财务健康。在理论部分的分析中我们曾指出，股市错误定价与股市的波动在民营企业的过度投资与财务困境问题中发挥着重要的作用。一方面，股价高估直接导致了民营企业的过度投资问题。在前两章的研究中我们就已经指出，民营企业在股价高估阶段会参与更高频率、更大规模的股权融资，企业的投资规模也随着融资规模的上升而显著上升，并表现出更高概率的过度投资问题。另一方面，股市的波动增加了企业因过度投资而陷入财务困境的可能性。企业往往在股市上涨、股价高估的阶段参与更多的投资活动，一旦股市走弱，企业的外部融资能力就会受到束缚，难以通过持续的外部融资为企业的前期投资活动提供充足的资金支持，企业也更容易陷入财务困境。

进入21世纪以来，中国股市已经经历了多次的牛市、熊市，其中最为人们熟知的就是2005—2007年与2014—2015年的两次牛市，以及接踵而至的熊市。对于第一次牛市，股指从998点上涨至6124点，上涨了约514%，但在随后的一年时间内，股指急速下跌至1664点，市值蒸发了约73%；对于第二次牛市，股指从1974点攀升至5178点，上涨了约162%，而在随后的一年时间内，股指被拦腰截断。考虑到股市波动在企业投融资行为及相应财务困境中可能存在的影响，我们将上述两次熊市对应的年份定义为股价剧烈波动年份。除此之外，考虑到股市波动对企业的影响可能具有一定的持续性，我们将股市剧烈波动年份之

后的一年，同样纳入考虑范围内。具体而言，我们将2007年、2008年、2009年、2015年、2016年、2017年定义为股价剧烈波动年份，并作为表5-5中列（3）、列（4）的回归样本，其他年份则作为参照组，作为列（1）、列（2）的回归样本（为了保证结果的稳健性，在稳健性检验中，我们仅取2007年、2008年、2015年、2016年作为股价剧烈波动年份，得到的结果基本上一致）。为了验证股市波动的这一影响机制，我们在该部分对民营企业进行了进一步的分样本回归，并将回归结果汇报在表5-5中。

表5-5中，列（1）、列（2）为民营企业样本在非股价剧烈波动年份的回归结果，列（3）、列（4）为民营企业样本在股价剧烈波动年份的回归结果。列（1）中，$Over_Invest_t$的系数为0.225，且在1%的水平上显著，其经济意义是，在非股价剧烈波动年份中，参与了过度投资的民营企业陷入财务困境的概率上升了约7.1%；而列（3）中，$Over_Invest_t$的系数为0.265，且在1%的水平上显著，其经济意义是，在股价剧烈波动年份中，参与了过度投资的民营企业陷入财务困境的概率上升了约12.4%。可见，过度投资对民营企业陷入财务困境概率的影响在股价剧烈波动年份显著更大。列（2）、列（4）的回归结果同样证明了这一结论。列（2）中，$Over_Invest_{t-1}$的系数为0.243，且在1%的水平上显著，其经济意义是，在非股价剧烈波动年份中，上一年参与了过度投资的民营企业在本年度陷入财务困境的概率上升了约7.9%；而列（4）中，$Over_Invest_{t-1}$的系数为0.264，且在1%的水平上显著，其经济意义是，在股价剧烈波动年份中，上一年参与了过度投资的民营企业在本年度陷入财务困境的概率上升了约12.3%。

表5-5 过度投资、股市剧烈波动与财务困境

	(1)	(2)	(3)	(4)
	Distress			
	非股价剧烈波动年份		股价剧烈波动年份	
$Over\_Invest_t$	0.225***		0.265***	
	[3.13]		[3.47]	
$Over\_Invest_{t-1}$		0.243***		0.264***
		[3.11]		[3.41]
Leverage	7.677***	7.178***	7.076***	6.865***
	[26.26]	[21.23]	[24.74]	[23.74]
Cash	-3.368***	-3.263***	-2.533***	-2.553***
	[-10.15]	[-8.63]	[-6.44]	[-6.26]
CF	-3.998***	-3.636***	-1.910***	-1.629***
	[-9.38]	[-7.90]	[-4.65]	[-3.89]
Board	0.057*	0.071**	0.084**	0.085**
	[1.94]	[2.14]	[2.38]	[2.41]
Ind_Board	0.041	0.069	-0.003	-0.020
	[0.51]	[0.76]	[-0.03]	[-0.19]
Age	0.011	0.012	0.033***	0.028***
	[1.52]	[1.60]	[5.05]	[3.97]
_cons	-2.540***	-2.026***	-6.497***	-6.408***
	[-7.53]	[-5.75]	[-14.74]	[-13.94]
Industry/Year	Yes	Yes	Yes	Yes
N	7134	5796	6571	6124
pseudo R-sq	0.440	0.410	0.356	0.349

注：*表示10%水平上显著（p<0.1），**表示5%水平上显著（p<0.05），***表示1%水平上显著（p<0.01）。

进一步地，我们根据个股的股票错误定价变化程度，检验股市波动是否会增加企业因过度投资而陷入财务困境的可能性。具体而言，我们用当期企业股票的错误定价程度连续变量Mis_Total_t减去滞后一期的错误定价程度连续变量Mis_Total_{t-1}，得到个股股票错误定价程度的变化情况Mis_Change_t，并构造Mis_Change_t与$Over_Invest_{t-1}$的交互项$Mis_Change_t \times Over_Invest_{t-1}$。我们将回归结果报告在表5-6中。

表5-6　过度投资、个股股价剧烈波动与财务困境

	(1)	(2)	(3)
	Distress		
$Over\_Invest_{t-1}$	0.400***	0.411***	0.210***
	[9.62]	[8.90]	[3.65]
Mis_Change_t	0.003*	0.003	0.004
	[1.95]	[1.37]	[0.29]
$Mis\_Change_t \times Over\_Invest_{t-1}$	-0.341***	-0.158**	-0.220***
	[-3.90]	[-2.44]	[-3.05]
Leverage			7.464***
			[32.39]
Cash			-3.087***
			[-10.60]
CF			-2.988***
			[-9.14]
Board			0.075***
			[3.00]
Ind_Board			0.022
			[0.30]

续表

	(1)	(2)	(3)
	Distress		
Age			0.022***
			[4.07]
_cons	−0.775***	1.012***	−2.475***
	[−30.76]	[4.69]	[−8.57]
Industry/Year	No	Yes	Yes
N	11125	11125	11054
pseudo R-sq	0.009	0.148	0.401

注：*表示10%水平上显著（$p<0.1$），**表示5%水平上显著（$p<0.05$），***表示1%水平上显著（$p<0.01$）。

观察表5-6可以发现，虚拟变量$Over_Invest_{t-1}$的系数均显著为正，这表明过度投资会增加民营企业陷入财务困境的可能性。除此之外，交互项$Mis_Change_t \times Over_Invest_{t-1}$的系数均显著为负，这表明上一年参与了过度投资的企业，如果本年度股票价格高估程度有所降低的话，企业陷入财务困境的概率将会进一步上升。

在理论部分的分析中我们指出，股市的剧烈波动会增加过度投资企业陷入财务困境的可能性。在表5-5与表5-6中，我们分别就股市与个股的波动现象，对这一问题进行了检验。研究发现，在股市剧烈波动的年份，民营企业更容易因过度投资而陷入财务困境，且个股股价高估程度的降低，也会增加企业因过度投资而陷入财务困境的可能性。该部分的回归结果证实了假设5-3。

5.4.4 财务困境、产权性质与资产出售

在前文的研究中我们指出，股市错误定价所导致的企业过度投资会增加企业陷入财务困境的概率，且这种现象在民营企业中更为显著，除

此之外，民营企业抵御风险的能力较弱，很难在短期内摆脱财务困境、恢复财务健康。在理论部分的分析中，我们讨论了不同产权性质企业应对财务困境的办法。分析指出，国有企业更易于获得政府支持与银行信贷，能够快速摆脱财务困境、恢复财务健康。在前文的研究中，我们也在一定程度上验证了这一猜想。而对于民营企业而言，其无法像国有企业那样获得及时、大规模的扶持，尤其是在股市行情走弱、外部融资环境不好的情况下，民营企业可能不得不选择以出售资产的方式，帮助自身走出财务困境、渡过难关。在该部分，我们将运用回归方程（5-4）检验不同产权性质企业在面临财务困境时的资产出售行为，以期为我们的假设提供证据支持。

我们将回归结果报告在表5-7中。其中，被解释变量*If_Sell_1*为虚拟变量，如果企业在该年度有资产出售的行为，则虚拟变量*If_Sell_1*取1，否则取0。我们的主要解释变量为滞后一期的财务困境虚拟变量*Distress*，如果企业在上一年度面临财务困境，则解释变量*Distress*取1，否则取0。表5-7中，列（1）为全样本的回归结果，列（2）为国有企业样本的回归结果，列（3）为民营企业样本的回归结果。观察列（1）可知，虚拟变量*Distress*的系数为0.076，且在1%的水平上显著，其经济意义是，相较于不面临财务困境的企业而言，面临财务困境的企业出售资产的概率上升了约12.0%，财务困境对企业资产出售行为的影响不仅在统计意义上显著，在经济意义上也十分显著。列（2）中，虚拟变量*Distress*的系数并不显著，这表明财务困境并不会迫使国有企业出售资产。列（3）中，虚拟变量*Distress*的系数为0.135，且在1%的水平上显著，其经济意义是，相较于不面临财务困境的民营企业而言，面临财务困境的民营企业出售资产的概率上升了约22.4%，财务困境对民营企业资产出售行为的影响比全样本回归中得到的影响更为显著。

表5-7 财务困境、产权性质与资产出售

	(1)	(2)	(3)
		If_Sell_1	
	全样本	国有企业样本	民营企业样本
Distress	0.076***	0.030	0.135***
	[2.81]	[0.76]	[3.59]
Leverage	0.239***	0.438***	0.123*
	[4.27]	[4.70]	[1.72]
Cash	−0.653***	−0.341**	−0.785***
	[−7.91]	[−2.42]	[−7.63]
CF	−0.597***	−0.708***	−0.499***
	[−5.80]	[−4.33]	[−3.75]
Board	−0.024***	−0.031**	−0.013
	[−2.84]	[−2.47]	[−1.08]
Ind_Board	0.025	0.055*	0.001
	[1.07]	[1.74]	[0.04]
Age	0.020***	0.020***	0.024***
	[10.47]	[5.73]	[9.59]
_cons	−0.425***	−0.653***	−0.334**
	[−4.23]	[−4.25]	[−2.41]
Industry/Year	Yes	Yes	Yes
N	26909	11369	15533
pseudo R−sq	0.055	0.043	0.073

注：*表示10%水平上显著（p<0.1），**表示5%水平上显著（p<0.05），***表示1%水平上显著（p<0.01）。

在该部分的回归中我们发现，陷入财务困境的企业出售资产的概率显著上升，且这种现象仅在民营企业中存在，而在国有企业中并不存在。这也验证了我们的假设5-4。

5.4.5 民营企业财务困境与国有企业救助

（1）民营企业财务困境与资产出售

在前文的研究中我们发现，股市错误定价导致的过度投资会使民营企业陷入财务困境，且陷入财务困境的民营企业可能会选择以出售资产的方式，帮助自身摆脱财务困境、恢复财务健康。而在本章的理论分析中我们指出，陷入财务困境的民营企业有动机出售资产以减轻自身财务压力，而兼顾各类社会职能的国有企业，同样有动机救助陷入财务困境的民营企业，以期达到稳定经济社会的目的。

在该部分的研究中，我们将聚焦民营企业资产出售的对象，探究面临财务困境的民营企业是否更倾向于将资产出售给国有企业，以及陷入财务困境的民营企业将控制权出售给国有企业的概率是否会显著上升。

表5-8报告了回归方程（5-5）的回归结果。其中，被解释变量*If_Sell_2*为虚拟变量，如果企业在该年度存在将资产出售给国有企业的行为，则虚拟变量*If_Sell_2*取1，否则取0。主要的解释变量依然为滞后一期的财务困境虚拟变量*Distress*。表5-8中，列（1）为全样本的回归结果，列（2）为民营企业样本的回归结果，列（3）为国有企业样本的回归结果。列（1）中，*Distress*的系数为0.138，且在1%的水平上显著，其经济意义是，企业陷入财务困境后，将资产出售给国有企业的概率上升了约35.3%，无论是统计意义还是经济意义均十分显著。列（2）中，*Distress*的系数为0.242，且在1%的水平上显著，其经济意义是，民营企业陷入财务困境后，将资产出售给国有企业的概率上升了约79.1%，经济意义同样十分显著。列（3）中，*Distress*的系数并不显著，这表明国有

表5-8 民营企业财务困境与资产出售

	（1）	（2）	（3）	（4）	（5）	（6）
	If_Sell_2					
	全样本	民营企业样本	国有企业样本	全样本	民营企业样本	国有企业样本
Distress	0.138***	0.242***	0.040	0.133**	0.209**	0.047
	[3.14]	[3.02]	[0.74]	[2.09]	[1.96]	[0.55]
Leverage	0.282***	0.069	0.494***	0.213	0.106	0.286
	[3.29]	[0.48]	[4.01]	[1.62]	[0.49]	[1.56]
Cash	–0.242*	–0.200	–0.232	0.204	0.406	–0.034
	[–1.66]	[–0.89]	[–1.12]	[0.87]	[1.14]	[–0.10]
CF	–0.275	–0.166	–0.382	0.213	0.239	0.195
	[–1.57]	[–0.59]	[–1.62]	[0.87]	[0.64]	[0.56]
Board	0.011	–0.004	–0.000	0.049**	0.010	0.039
	[0.73]	[–0.17]	[–0.02]	[2.49]	[0.33]	[1.51]
Ind_Board	0.039	0.019	0.035	0.032	0.038	–0.005
	[0.97]	[0.30]	[0.73]	[0.61]	[0.46]	[–0.08]

续表

	(1)	(2)	(3)	(4)	(5)	(6)
	If_Sell_2					
	全样本	民营企业样本	国有企业样本	全样本	民营企业样本	国有企业样本
Age	0.035***	0.031***	0.024***	0.035***	0.025***	0.014*
	[9.75]	[5.21]	[4.64]	[6.73]	[3.09]	[1.78]
_cons	−2.093***	−2.457***	−1.728***	−1.910***	−2.386***	−1.053***
	[−12.11]	[−6.31]	[−8.14]	[−7.67]	[−4.76]	[−3.34]
Industry/Year	Yes	Yes	Yes	Yes	Yes	Yes
N	26880	15482	11369	3842	2104	1734
pseudo R−sq	0.076	0.101	0.038	0.052	0.062	0.024

注：*表示10%水平上显著（$p<0.1$），**表示5%水平上显著（$p<0.05$），***表示1%水平上显著（$p<0.01$）。

企业的资产出售行为并不受其财务状况的影响。

为了保证结论的稳健性，我们在列（4）至列（6）中重复了列（1）至列（3）中的工作，但我们将回归限定在了该年度有资产出售行为的样本中，得到的结论也基本与列（1）至列（3）的结论一致。以列（5）的回归结果为例，*Distress*的系数为0.209，且在5%的水平上显著，其经济意义是，民营企业陷入财务困境后，将资产出售给国有企业的概率上升了约42.8%。

表5-8中的回归结果显示，陷入财务困境的民营企业不仅需要以出售资产的方式帮助自身渡过难关，而且将资产出售给国有企业的概率显著上升。该部分的研究结论部分证实了假设5-5。

（2）民营企业财务困境与控制权转移

民营企业在面临财务困境的时候，不仅会将自己的资产出售给国有企业，而且可能会将自己的股权、控制权出售给国有企业。基于现实的观察已经证实，部分面临财务困境甚至濒临破产的民营企业，其控制权最终被国有企业收购，避免了民营企业的破产，国有企业也成为经济社会平稳健康发展的有力支撑。在该部分，我们将运用回归方程（5-6），探究民营企业财务困境与控制权转移之间的关系。

表5-9中，被解释变量*Change*为虚拟变量，如果企业的实际控制人性质在该年度由民营企业转变为国有企业，则被解释变量*Change*取1，否则取0。主要的解释变量依然为度量企业财务困境的虚拟变量*Distress*。我们的回归样本均为民营企业。在列（1）中，我们只加入了虚拟变量*Distress*，列（2）在列（1）的基础上加入了行业和年度固定效应，列（3）则在列（2）的基础上进一步加入了企业层面的控制变量。通过观察可以发现，列（1）至列（3）中，虚拟变量*Distress*的系数均显著为正。以列（3）的回归结果为例，虚拟变量*Distress*的系数为0.091，且在10%的水平上显著，其经济意义是，相较于不存在财务困境的民营企业而

言，存在财务困境的民营企业将控制权出售给国有企业的概率上升了约17.4%，财务困境对民营企业控制权转移的影响不仅在统计意义上显著，在经济意义上也十分显著。

表5-9　民营企业财务困境与控制权转移

	(1)	(2)	(3)
		Change	
Distress	0.486***	0.340***	0.091*
	[13.89]	[7.92]	[1.66]
Cash			−0.436**
			[−2.57]
CF			0.514**
			[2.40]
Age			0.054***
			[13.09]
Asset			0.032***
			[4.17]
Leverage			0.047
			[0.45]
Board			0.068***
			[3.83]
Ind_Board			0.058
			[1.19]
_cons	−1.961***	−0.634***	−1.474***
	[−83.60]	[−4.29]	[−7.79]

续表

	(1)	(2)	(3)
	Change		
Industry/Year	No	Yes	Yes
N	18357	15656	15485
pseudo R-sq	0.032	0.132	0.192

注：*表示10%水平上显著（$p<0.1$），**表示5%水平上显著（$p<0.05$），***表示1%水平上显著（$p<0.01$）。

该部分的回归结果显示，陷入财务困境的民营企业不仅会通过将资产出售给国有企业的方式，为自身提供资金支持，甚至会将企业的股权与控制权出售给国有企业，以期帮助企业渡过难关，而国有企业也在股市剧烈波动的背景下，起到了稳定经济的重要作用。该部分的研究证实了假设5-5。

5.5 进一步的研究：考虑民营企业的特征

在前文的研究中我们指出，股市错误定价会导致民营企业的过度投资问题，进而使得民营企业陷入财务困境。身陷财务困境且无法获得充足外部融资的民营企业，可能会选择以出售资产的方式为自身提供资金支持。然而，不同类型、具有不同特征的民营企业应对财务困境的方式也可能有所不同。对于规模较大、实力较强的民营企业而言，即便陷入了财务困境，也能够较为容易地摆脱财务困境、恢复财务健康。首先，企业规模越大、实力越强，企业内部的资本市场越健全，企业内部产生的现金流越充足，企业可以依靠内部充足的现金流和健全的资本市场，帮助企业走出财务困境。其次，企业的规模越大、实力越强，企业的外部融资能力越强。一方面，企业规模越大，企业可用于抵押的资产越多、信息不对称程度越低，企业的外部融资能力越强；另一方面，企业的规模越大，银企合作越多、银企关系越好，企业的外部融资能力越强。因此，无论是企业内源融资能力还是外源融资能力，都与企业规模和企业实力有着一定的相关性。当企业规模较大、实力较强的时候，即便是陷入了财务困境，企业也可以更为容易地摆脱财务困境、恢复财务健康，而不需要出售自己的资产。而对于规模较小、实力较弱的民营企业而言，内源融资与外源融资的方式无法帮助企业迅速摆脱财务困境，企业也更可能选择以出售资产的方式为自身提供资金支持。

我们对民营企业样本按规模进行排序，并将企业规模大于中位数的民营企业定义为大规模民营企业，企业规模小于中位数的民营企业定义为小规模民营企业。我们对两类民营企业进行了分样本回归，并将回归结果报告在表5-10中，其中列（1）、列（2）为小规模民营企业样本的回归结果，列（3）、列（4）为大规模民营企业样本的回归结果。观察列（1）至列（4），我们发现无论是对于小规模民营企业还是大规模民营企业而言，虚拟变量*Distress*的系数均显著为正，但小规模民营企业样本的回归系数大于大规模民营企业样本的回归系数。以列（2）与列（4）的回归结果为例，列（2）中虚拟变量*Distress*的系数为0.207，且在1%的水平上显著，其经济意义是，对于小规模民营企业而言，一旦企业陷入了财务困境，企业出售资产的概率上升了约35.3%；列（4）中虚拟变量*Distress*的系数为0.100，且仅在10%的水平上显著，其经济意义是，对于大规模民营企业而言，一旦企业陷入了财务困境，企业出售资产的概率上升了约16.2%，其影响不及小规模民营企业样本的一半。

表5-10的回归结果显示，企业的资产规模与实力的确是影响民营企业应对财务困境方式的一个重要因素，具体而言，规模较小、实力较弱的民营企业更可能靠出售资产的方式摆脱财务困境。表5-10的回归结果证实了假设5-6。

表5-10 企业规模与资产出售

	(1)	(2)	(3)	(4)
	If_Sell_1			
	小规模民营企业样本		大规模民营企业样本	
Distress	0.521***	0.207***	0.286***	0.100*
	[13.46]	[3.41]	[8.21]	[1.94]
Cash		−0.854***		−0.518***
		[−6.35]		[−3.05]
CF		−0.547***		−0.415**
		[−3.06]		[−2.09]
Age		0.028***		0.019***
		[7.53]		[5.48]
Asset		0.629		−0.020**
		[1.49]		[−2.16]
Leverage		0.058		0.318**
		[0.64]		[2.33]
Board		−0.018		−0.005
		[−1.11]		[−0.26]
Ind_Board		0.021		−0.001
		[0.45]		[−0.02]
_cons	−1.249***	−0.637***	−1.208***	−0.151
	[−59.53]	[−3.24]	[−51.23]	[−0.68]
Industry/Year	No	Yes	No	Yes
N	8233	8040	8176	7492
pseudo R-sq	0.027	0.091	0.010	0.068

注：*表示10%水平上显著（p<0.1），**表示5%水平上显著（p<0.05），***表示1%水平上显著（p<0.01）。

5.6 稳健性检验

为了检验本章结论的可靠性，我们以Z值作为度量企业财务状况的指标，Z值越大，表明企业的财务指标越健康。表5-11检验了过度投资是否会影响国有企业与民营企业的财务健康程度（Z）。我们发现，在列（1）至列（4）中，当期与滞后一期的过度投资虚拟变量*Over_Invest*的系数均显著为负，这表明参与了过度投资的企业，其财务健康程度均有所降低。并且，列（1）、列（2）民营企业样本回归中得到的系数的绝对值远远高于列（3）、列（4）国有企业样本回归中得到的系数的绝对值，这表明过度投资对企业财务健康的损害程度在民营企业中更为严重。

表5-11 稳健性检验A

	（1）	（2）	（3）	（4）
	Z			
	民营企业样本		国有企业样本	
$Over\_Invest_t$	−1.314***		−0.535***	
	[−10.20]		[−6.99]	
$Over\_Invest_{t-1}$		−1.455***		−0.429***
		[−10.18]		[−5.22]
Leverage	−16.193***	−15.591***	−11.389***	−11.107***
	[−31.89]	[−27.65]	[−27.16]	[−26.23]
Cash	14.780***	15.310***	7.109***	7.169***
	[19.41]	[17.13]	[10.61]	[10.82]
CF	7.682***	5.597***	2.700***	1.777***
	[9.61]	[6.45]	[5.19]	[2.89]

续表

	(1)	(2)	(3)	(4)
	Z			
	民营企业样本		国有企业样本	
Board	-0.430***	-0.418***	-0.025	-0.014
	[-7.17]	[-6.24]	[-0.66]	[-0.31]
Ind_Board	-0.003	-0.109	-0.219**	-0.224**
	[-0.02]	[-0.60]	[-2.30]	[-2.00]
Age	0.061***	0.060***	0.010	0.016
	[4.19]	[3.66]	[1.05]	[1.64]
_cons	10.852***	11.020***	9.340***	9.088***
	[19.62]	[18.95]	[10.92]	[9.98]
Industry/Year	Yes	Yes	Yes	Yes
N	13713	11927	10909	9996
pseudo R-sq	0.363	0.342	0.328	0.324

注：*表示10%水平上显著（p<0.1），**表示5%水平上显著（p<0.05），***表示1%水平上显著（p<0.01）。

进一步地，我们在表5-12中检验企业财务状况对国有企业与民营企业资产出售行为的影响。列（1）中，变量*Z*的系数为-0.004，且在1%的水平上显著，这表明企业的财务健康程度越低，企业出售资产的概率越高。列（2）、列（3）分别对国有企业样本、民营企业样本进行了分样本回归，回归结果显示，列（2）国有企业样本中，*Z*的系数不显著，而列（3）民营企业样本中，*Z*的系数显著为负，这也再一次证明，民营企业更可能因财务问题而选择出售资产。

表5-12 稳健性检验B

	(1)	(2)	(3)
		If_Sell_1	
	全样本	国有企业样本	民营企业样本
Z	-0.004***	-0.001	-0.006***
	[-2.66]	[-0.34]	[-3.32]
Leverage	0.259***	0.461***	0.154**
	[4.93]	[5.12]	[2.26]
Cash	-0.618***	-0.344**	-0.719***
	[-7.21]	[-2.41]	[-6.65]
CF	-0.594***	-0.710***	-0.489***
	[-5.77]	[-4.34]	[-3.68]
Board	-0.025***	-0.031**	-0.014
	[-2.94]	[-2.47]	[-1.22]
Ind_Board	0.026	0.056*	0.003
	[1.15]	[1.76]	[0.10]
Age	0.020***	0.020***	0.025***
	[10.48]	[5.73]	[9.89]
_cons	-0.385***	-0.642***	-0.271*
	[-3.79]	[-4.14]	[-1.94]
Industry/Year	Yes	Yes	Yes
N	26909	11369	15533
pseudo R-sq	0.055	0.043	0.073

注：*表示10%水平上显著（p<0.1），**表示5%水平上显著（p<0.05），***表示1%水平上显著（p<0.01）。

在该部分中，我们以连续变量Z作为度量企业财务健康程度的指标，对本章的研究结论进行了稳健性检验，得到的回归结果与前文的结果基本上一致，这表明本章的研究结论具有较强的稳健性。

5.7 本章小结

在第3章与第4章的研究中我们发现，股市错误定价会影响企业的融资、投资行为，且这种影响对不同产权性质的企业有着不同的作用方式，民营企业更可能在股价高估阶段参与过度的融资和投资交易，表现出过度投资的特征。本章在已有研究的基础上，进一步探究由股市错误定价导致的过度投资行为的一系列经济后果，得出了以下结论：①过度投资会增加企业陷入财务困境的概率；②对国有企业与民营企业而言，过度投资对企业陷入财务困境的影响具有显著的差异，具体而言，民营企业更可能因过度投资而陷入财务困境，且财务困境会持续较长的时间，国有企业因过度投资而陷入财务困境的可能性小于民营企业，且能够在较短的时间内摆脱财务困境；③股市错误定价不仅助推了企业的过度投资行为，还在一定程度上增加了企业的财务风险，在股价剧烈波动的年份，企业更可能因过度投资而陷入财务困境；④对于陷入财务困境的民营企业而言，其会选择以出售资产的方式帮助自身渡过难关，且将资产出售给国有企业的概率显著上升；⑤在股市剧烈波动的背景下，民营企业的过度投资行为可能会增加自身陷入财务困境的可能性，而国有企业则成为稳定经济社会与资本市场的重要力量。

已有文献已经对企业过度投资的成因及经济后果展开了系统的讨论，而本章的研究则指出，股市错误定价是企业过度投资的一个重要原因，且相较于其他原因导致的过度投资而言，由股市错误定价导致的过度投资可能对企业造成更为严重的不良影响。基于本章的研究结论，我们提出了以下建议。首先，应该加强对民营企业扩张行为的引导，强化民营企业的价值导向，减少对规模和扩张的盲目追求，避免民营企业因过度扩张而陷入财务困境。其次，股市错误定价不仅会造成企业投融资效率的降低，还有可能导致企业的过度投资，进而增加企业和资本市场的风险。因此，应该将健全资本市场、提升资本市场定价功能作为资本市场改革的重要任务。最后，本章的研究也提供了国有企业稳定中国经济的直接证据。国有企业对民营企业的收购避免了民营企业破产等一系列的不良经济后果，为中国经济的平稳发展提供了有力的支持。因此，应该坚持发展国有企业，持续推动国有企业做强做优做大，进一步发挥国有企业在中国经济中的支柱作用。

6 结论

6.1 研究结论

本书的研究主题为股市错误定价、产权性质与企业投融资行为。本书基于我国经济社会及资本市场发展实际，在严格区分产权性质的基础上，分别研究了股市错误定价对国有企业与民营企业投融资行为的影响，并且既评估了股市错误定价对企业投融资行为“量”的影响，又评估了其对企业投融资行为“质”的影响。除此之外，本书的研究还发现，在股市错误定价的背景下，民营企业过度投资容易陷入财务困境，而国有企业则起到了稳定经济社会发展大局的重要作用。具体而言，本书主要的研究结论如下。

第3章在严格区分产权性质的基础上，研究了股市错误定价对企业股权融资行为的影响。研究发现：①股市错误定价会影响企业的股权融资行为，面临股价高估的企业参与股权融资的概率更高、股权融资规模更大；②在区分产权性质后发现，民营企业的股权融资概率受股市错误定价的影响显著强于国有企业；③民营企业的融资约束更强，其在股价高估、融资约束缓解的阶段参与股权融资的择时动机更强；④民营企业高管的持股数量更高，其在股价高估阶段参与股权融资、提升股东价值的激励更强；⑤民营企业更多分布在高新技术行业，高新技术企业更强的股权融资依赖进一步加剧了国有企业与民营企业股权融资行为对股市错误定价的不同反应程度。

第4章在严格区分产权性质的基础上，研究了股市错误定价对企业投资行为的影响。研究发现：①股市错误定价会影响企业的投资行为，股价高估显著提高了企业投资规模，且这种影响在民营企业中更为显著；②股价高估的“减少投资不足机制”在国有企业与民营企业样本中均不存在；③股价高估的“增加过度投资机制”在民营企业样本中显著存在，但在国有企业样本中并不存在；④股价高估降低了企业的投资效率，且这种影响在民营企业中显著强于国有企业；⑤民营企业之所以在股价高估阶段表现出更为严重的过度投资问题，其原因在于民营企业高管有过度投资的潜在激励与实施过度投资的客观条件，一方面，过度投资有助于民营企业高管构建自己的“商业帝国”，并为自身提供更高的薪酬水平，这构成了民营企业高管过度投资的潜在激励，另一方面，民营企业高管对企业资金的使用方式有着较大的决策权，这构成了民营企业高管过度投资的客观条件。

第5章在前两章的基础上展开进一步的研究。研究发现：①过度投资会增加企业陷入财务困境的概率，且这种影响在国有企业与民营企业样本中存在显著差异，具体而言，民营企业更可能因过度投资而陷入财务困境，且财务困境会持续较长的时间，国有企业因过度投资而陷入财务困境的可能性小于民营企业，且能够在较短的时间内摆脱财务困境；②股市错误定价不仅助推了民营企业的过度投资行为，还在一定程度上增加了企业的财务风险，在股价下跌的年份，民营企业更可能因过度投资而陷入财务困境；③对于陷入财务困境的民营企业而言，其会选择以出售资产的方式帮助自身渡过难关，而国有企业的收购行为则为民营企业摆脱困境提供了有力的支撑；④国有企业是股市剧烈波动背景下，稳定经济社会与资本市场的重要力量。

总体来看，本书基于我国经济社会及资本市场发展实际，在严格区分产权性质的基础上，就股市错误定价如何影响中国资本市场资源配置方式与资源配置效率这一问题进行了较为全面、系统的讨论。本书的研究既发现了股市错误定价对中西方资本市场相似的影响方式，又发现了其对中国资本市场的特殊影响方式与影响路径，丰富了相关领域的研究，对中国资本市场的改革与发展有着一定的借鉴意义。

6.2 政策建议

本书的研究指出，当前中国股市存在一定程度的错误定价现象，并显著影响着企业的投融资决策，同时这种影响在国有企业与民营企业中存在显著的差异。基于本书的研究结论，我们针对民营上市企业、国有上市企业与监管机构，分别提出了不同的政策建议。

6.2.1 针对民营上市企业的建议

股市错误定价是普遍存在于各国资本市场中的一种现象，如何应对股市错误定价已经成为影响企业发展与企业价值的重要因素。

一方面，民营企业可以充分利用股市错误定价所创造的有利条件。融资约束是制约民营企业发展的一个重要问题。在股市高涨、股价高估的时候，民营企业的融资约束得以缓解。此时，民营企业可以充分利用股市错误定价，为企业募集发展所需要的资金，进而实现企业的发展与壮大。

另一方面，民营企业应该时刻警惕股市错误定价的潜在风险，避免过度投资与过度扩张。股市错误定价虽然能够在一定程度上缓解企业融资约束，促进企业投资，但本书的研究显示，民营企业往往在股价高估阶段有着过度投资、过度扩张的倾向。此时，企业的投融资行为可能以扩大企业规模为目标，偏离了企业价值最大化这一核心原则，更没有立足于企业自身的发展状况与投资机会，这样不仅损害了股东的利益，还在一定程度上加剧了企业风险。因此，民营企业在面临股市错误定价的时候，应该保持清醒的头脑，既充分利用其为企业创造的更好的融资环境，又时刻防范其可能带来的风险。

6.2.2 针对国有上市企业的建议

本书的研究显示，国有企业对财务困境民营企业的收购，帮助民营企业摆脱了困境，并在一定程度上起到了稳定就业、稳定经济的作用，这也证明了国有企业对中国经济的重要作用。因此，我们应该继续推动国有企业高质量发展，充分发挥国有企业在中国经济社会中的支柱作用。然而，国有企业对民营企业的一系列支持与救助行为可能具有“双刃剑”的属性，并导致民营企业的“道德风险”：当意识到国有企业会出于稳定就业、稳定经济的目的去救助身陷财务困境的民营企业时，民营企业高管的风险意识可能会有所降低。因此，国有企业在对财务困境民营企业实施收购与支持行为时，应该充分权衡利弊，避免“道德风险”所带来的负面后果。

6.2.3 针对监管机构的建议

有效的价格机制是资本市场实现有效资源配置的重要前提。当资产价格能够准确反映资产真实价值的时候，资本市场的资源配置效率最高。因此，监管机构应该着力消除资本市场中的错误定价，充分发挥价格机制在资源配置中的核心作用。

首先，应该建立健全相关的交易制度。例如，我国正在逐渐健全股票卖空机制。股票卖空机制有助于反映与股价有关的负面信息。卖空机制的缺失意味着与股价有关的负面信息无法得到充分的反映，也更可能存在股票错误定价、股价高估的问题。对相关交易制度的建立与完善，能够进一步增强资本市场的定价功能，降低股市错误定价程度，提高资本市场的资源配置效率。

其次，应该持续加大对上市企业的监管与惩处力度。已有文献显示，上市企业高管有动机影响股价以期为自己谋求利益。本书的研究也显示，部分上市企业高管会偏离股东价值最大化的目标，追求企业的过度扩张，进而为自己谋求经济收益与非经济收益。只有加大对上市企业的监管与惩处力度，才能够对违法、违规行为形成有效的震慑，让企业聚焦自身长期发展，提高投资者积极性与市场的资源配置效率。

最后，应该着力解决民营企业“融资难、融资贵”等问题。我国改革开放以来取得的巨大成就，离不开民营经济与国有经济的协同发展。然而，长期以来，民营企业所获得的金融资源相对有限，“融资难、融资贵”等问题依旧存在，并在很大程度上影响了民营企业的高质量发展。本书的研究也显示，民营企业更可能因融资约束而在股价高估的时候进行过度的融资与投资，从而陷入财务困境。如果能够有效缓解民营企业的融资难题，则有助于为民营企业创造更为稳定、健康的投融资环境，进而提升整个资本市场的稳定性。

6.3 未来的研究方向

本书就股市错误定价对不同产权性质企业融资、投资行为的影响进行了较为系统的研究，评估了股市错误定价对中国资本市场资源配置方式与资源配置效率的影响。然而，本书的研究尚有许多不足，对股市错误定价经济后果更为准确的认识，还有赖于未来更为系统、全面的研究。笔者认为，未来还可以从以下几个方面对研究进行丰富。

第一，本书虽然对企业的融资、投资行为进行了研究，但并未涵盖所有的融资、投资活动。企业融资包括发行股权、债券、可转债等多种方式，企业投资同样包括直接投资、并购等多种形式。对不同类型的融资、投资行为进行深入的研究，有助于构建一个更为系统的研究框架，得出更为准确的研究结论。

第二，本书采用市账比分解的办法，将市账比分解为度量股市错误定价程度的指标与度量企业真实成长机会的指标，并用于研究股市错误定价对企业行为的影响。然而，至今为止，尚没有一种度量股市错误定价的指标能够得到所有学者的认可。市账比分解的方法虽然已经得到了广泛的应用，但其有效性依然有待考证。要想更为精确地研究股市错误定价对企业行为的影响，还有赖于构建一个更为公认有效的指标。

第三，本书根据产权性质将企业分为国有企业与民营企业，且时间跨度有十余年。在十余年的时间内，中国的资本市场并非一成不变，且对于国有企业的改革一直在稳步推进之中。未来的研究应该就不同时段的资本市场特征、产权性质特征进行更为详尽的研究，厘清股市错误定价的作用机制与作用方式，这有助于健全符合中国国情的多层次资本市场体系。

参考文献

[1] 曹春方，马连福，沈小秀.财政压力、晋升压力、官员任期与地方国有企业过度投资［J］.经济学（季刊），2014，13（4）：1415–1436.

[2] 曹春方，周大伟，吴澄澄，等.市场分割与异地子公司分布［J］.管理世界，2015（9）：92–103，169，187–188.

[3] 陈康，刘琦.股价信息含量与投资–股价敏感性——基于融资融券的准自然实验［J］.金融研究，2018（9）：126–142.

[4] 程仲鸣，夏新平，余明桂.政府干预、金字塔结构与地方国有上市公司投资［J］.管理世界，2008（9）：37–47.

[5] 丁肖丽.投资者情绪、意见分歧与股票错误定价——基于中国A股市场经验数据［J］.系统工程，2018，36（3）：24–32.

[6] 杜兴强，曾泉，杜颖洁.政治联系、过度投资与公司价值——基于国有上市公司的经验证据［J］.金融研究，2011（8）：93–110.

[7] 符蕾，夏奕奕.行业系统性市场错误定价对并购决策的驱动研究［J］.海南大学学报（人文社会科学版），2017，35（5）：45–54.

[8] 关伟，张晓龙.A股市场错误定价的度量及影响因素研究［J］.经济理论与经济管理，2017（7）：77–86.

[9] 郭杰，张英博.企业择时还是政府择时？——中国特定制度背景下IPO市场时机选择对资本结构的影响［J］.金融研究，2012（7）：137–153.

[10] 胡国强，肖志超.媒体关注、资本市场错误定价与企业投资［J］.广东财经大学学报，2019，34（2）：60–73.

[11] 花贵如，刘志远，许骞.投资者情绪、管理者乐观主义与企业投资行为［J］.金融研究，2011（9）：178–191.

[12] 黄俊，李增泉.政府干预、企业雇员与过度投资［J］.金融研究，2014（8）：

118–130.

［13］江轩宇，许年行. 企业过度投资与股价崩盘风险［J］. 金融研究，2015（8）：141–158.

［14］姜付秀，张敏，陆正飞，等. 管理者过度自信、企业扩张与财务困境［J］. 经济研究，2009，44（1）：131–143.

［15］蒋玉梅. 投资者情绪、股票错误估值与上市公司投资［J］. 经济与管理，2014，28（1）：44–50.

［16］李井林，胡林琪，徐静航，等. 股票市场错误定价：测度方法、形成机理与经济后果［J］. 金融评论，2018，10（5）：114–121，126.

［17］李井林，杨姣. 目标资本结构、市场错误定价与资本结构调整速度［J］. 财经问题研究，2018（10）：81–88.

［18］李君平，徐龙炳. 资本市场错误定价、融资约束与公司融资方式选择［J］. 金融研究，2015（12）：113–129.

［19］李君平，徐龙炳. 资本市场错误定价、融资约束与公司投资［J］. 财贸经济，2015（3）：88–102，112.

［20］李科，徐龙炳，朱伟骅. 卖空限制与股票错误定价——融资融券制度的证据［J］. 经济研究，2014，49（10）：165–178.

［21］黎文靖，郑曼妮. 通货膨胀预期、企业成长性与企业投资［J］. 统计研究，2016，33（5）：34–42.

［22］李鑫. 中国上市公司过度投资行为研究［D］. 济南：山东大学，2008.

［23］林祺. 资本市场效率与资产增长异象：源于“错误定价”还是“风险”［J］. 财贸经济，2016（2）：55–70.

［24］林毅夫，李永军. 中小金融机构发展与中小企业融资［J］. 经济研究，2001（1）：10–18，53–93.

［25］刘春，孙亮. 薪酬差距与企业绩效：来自国有企业上市公司的经验证据［J］. 南开管理评论，2010，13（2）：30–39，51.

［26］刘端，陈健，陈收. 市场时机对融资工具选择的影响［J］. 系统工程，2005（8）：62–67.

［27］刘端，陈收. 中国市场管理者短视、投资者情绪与公司投资行为扭曲研究

[J].中国管理科学，2006（2）：16–23.

[28] 刘津宇，王正位，朱武祥.产权性质、市场化改革与融资歧视——来自上市公司投资—现金流敏感性的证据[J].南开管理评论，2014，17（5）：126–135.

[29] 刘娥平，关静怡.股价高估、定增并购价格偏离与市场绩效[J].中央财经大学学报，2018（8）：62–75.

[30] 刘绍娓，万大艳.高管薪酬与公司绩效：国有与非国有上市公司的实证比较研究[J].中国软科学，2013（2）：90–101.

[31] 刘运国，吴小蒙，蒋涛.产权性质、债务融资与会计稳健性——来自中国上市公司的经验证据[J].会计研究，2010（1）：43–50，95.

[32] 陆蓉，何婧，崔晓蕾.资本市场错误定价与产业结构调整[J].经济研究，2017，52（11）：104–118.

[33] 逯东.政府控制视角下的国有企业治理与公司价值研究[D].成都：西南财经大学，2010.

[34] 罗党论，甄丽明.民营控制、政治关系与企业融资约束——基于中国民营上市公司的经验证据[J].金融研究，2008（12）：164–178.

[35] 罗琦，杨婉怡.股票错误定价与公司并购：研究述评[J].北京工商大学学报（社会科学版），2019，34（5）：81–91.

[36] 潘红波，夏新平，余明桂.政府干预、政治关联与地方国有企业并购[J].经济研究，2008（4）：41–52.

[37] 潘敏，朱迪星.市场周期、投资者情绪与企业投资决策——来自中国上市公司的经验证据[J].经济管理，2011，33（9）：122–131.

[38] 潘越，王宇光，戴亦一.税收征管、政企关系与上市公司债务融资[J].中国工业经济，2013（8）：109–121.

[39] 屈源育，沈涛，吴卫星.壳溢价：错误定价还是管制风险？[J].金融研究，2018（3）：155–171.

[40] 沈维涛，叶小杰，徐伟.风险投资在企业IPO中存在择时行为吗——基于我国中小板和创业板的实证研究[J].南开管理评论，2013，16（2）：133–142.

[41] 唐雪松，周晓苏，马如静.政府干预、GDP增长与地方国有企业过度投资[J].金融研究，2010（8）：33–48.

[42] 王磊，孔东民.应计信息、机构投资者反应与股票错误定价[J].管理科学学报，2017，20（3）：80–98.

[43] 王璐清，何婧，赵汉青.资本市场错误定价如何影响公司并购[J].南方经济，2015（3）：24–37.

[44] 王光辉.股票错误定价与企业投资关系研究——基于中国上市公司的实证分析[J].中国物价，2020（2）：64–67.

[45] 王生年，宋媛媛，徐亚飞.资产误定价影响了企业投资效率吗?[J].金融论坛，2018，23（2）：50–64.

[46] 汪玉兰，周守华.股票错误定价对上市公司投资效率的影响——基于中国证券市场的实证研究[J].当代财经，2018（6）：124–133.

[47] 王振山，王秉阳.择时融资会恶化公司的经营业绩吗?[J].经济管理，2017，39（7）：183–198.

[48] 魏志华，曾爱民，李博.金融生态环境与企业融资约束——基于中国上市公司的实证研究[J].会计研究，2014（5）：73–80，95.

[49] 肖淑芳，张晨宇，张超，等.股权激励计划公告前的盈余管理——来自中国上市公司的经验证据[J].南开管理评论，2009，12（4）：113–119，127.

[50] 徐枫.异质信念、错误定价与定向增发折价[J].金融评论，2016，8（2）：60–71，125.

[51] 徐寿福.股权激励会强化管理层的迎合动机吗?——来自上市公司R&D投资的证据[J].经济管理，2017，39（6）：178–193.

[52] 徐寿福，戴游，张孝瑞.研发支出资本化与股票错误定价[J].证券市场导报，2016（12）：58–66，74.

[53] 姚耀军，董钢锋.中小银行发展与中小企业融资约束——新结构经济学最优金融结构理论视角下的经验研究[J].财经研究，2014，40（1）：105–115.

[54] 游家兴，吴静.沉默的螺旋：媒体情绪与资产误定价[J].经济研究，2012，

47（7）：141–152.

［55］余明桂，潘红波.政治关系、制度环境与民营企业银行贷款［J］.管理世界，2008（8）：9–21，39，187.

［56］俞红海，徐龙炳，陈百助.终极控股股东控制权与自由现金流过度投资［J］.经济研究，2010（8）：103–114.

［57］袁天荣，赵晴，宋丽君.资本市场错误定价、分析师跟踪与并购融资方式选择［J］.海南大学学报（人文社会科学版），2019，37（4）：40–47.

［58］曾庆生，张耀中.信息不对称、交易窗口与上市公司内部人交易回报［J］.金融研究，2012（12）：151–164.

［59］曾庆生.公司内部人具有交易时机的选择能力吗？——来自中国上市公司内部人卖出股票的证据［J］.金融研究，2008（10）：117–135.

［60］詹雷，王瑶瑶.管理层激励、过度投资与企业价值［J］.南开管理评论，2013，16（3）：36–46.

［61］张玮倩，徐寿福，辛琳.连续现金分红与股票错误定价研究［J］.证券市场导报，2016（3）：4–10.

［62］张兆国，刘亚伟，亓小林.管理者背景特征、晋升激励与过度投资研究［J］.南开管理评论，2013，16（4）：32–42.

［63］张宗新，潘志坚，季雷.内幕信息操纵的股价冲击效应：理论与中国股市证据［J］.金融研究，2005（4）：144–154.

［64］张宗新，张晓荣，廖士光.上市公司自愿性信息披露行为有效吗？——基于1998—2003年中国证券市场的检验［J］.经济学（季刊），2005（1）：369–386.

［65］赵国庆，王光辉.资本市场错误定价与企业创新［J］.商业经济与管理，2019（1）：62–73.

［66］赵涛，郑祖玄.信息不对称与机构操纵——中国股市机构与散户的博弈分析［J］.经济研究，2002（7）：41–48，91.

［67］周铭山，任哲，李涛.产权性质、融资约束与现金调整：兼论货币政策有效性［J］.国际金融研究，2012（6）：83–91.

［68］祝继高，陆正飞.产权性质、股权再融资与资源配置效率［J］.金融研究，

2011（1）：131–148.

[69] 祝继高，陆正飞.融资需求、产权性质与股权融资歧视——基于企业上市问题的研究［J］.南开管理评论，2012，15（4）：141–150.

[70] Almeida H，Philippon T. The risk-adjusted cost of financial distress［J］. The Journal of Finance，2007，62（6）：2557–2586.

[71] Altman E I. Financial ratios，discriminant analysis and the prediction of corporate bankruptcy［J］. The Journal of Finance，1968，23（4）：589–609.

[72] Alzahrani M，Rao P R. Managerial behavior and the link between stock mispricing and corporate investments：evidence from market-to-book ratio decomposition［J］.Financial Review，2014，49（1）：89–116.

[73] Ang J S，Cheng Y. Direct evidence on the market-driven acquisition theory［J］. Journal of Financial Research，2006，29（2）：199–216.

[74] Atmaz A，Basak S. Belief dispersion in the stock market［J］.The Journal of Finance，2018，73（3）：1225–1279.

[75] Bagwell L S，Shoven J B. Cash distributions to shareholders［J］. Journal of Economic Perspectives，1989，3（3）：129–140.

[76] Baker G P，Hall B J. CEO incentives and firm size［J］. Journal of Labor Economics，2004，22（4）：767–798.

[77] Baker M，Stein J C，Wurgler J. When does the market matter? Stock prices and the investment of equity-dependent firms［J］. The Quarterly Journal of Economics，2003，118（3）：969–1005.

[78] Baker M，Wurgler J. Market timing and capital structure［J］. The Journal of Finance，2002，57（1）：1–32.

[79] Baker M，Wurgler J. The equity share in new issues and aggregate stock returns［J］. The Journal of Finance，2000，55（5）：2219–2257.

[80] Ball R. Anomalies in relationships between securities'yields and yield-surrogates［J］.Journal of Financial Economics，1978（6）：103–126.

[81] Beck T，Demirgüç-Kunt A，Maksimovic V. Financing patterns around the world：are small firms different?［J］. Journal of Financial Economics，2008，

89（3）：467–487.

[82] Bertoni F，Colombo M G，Grilli L. Venture capital financing and the growth of high–tech start–ups：disentangling treatment from selection effects [J]. Research Policy，2011，40（7）：1028–1043.

[83] Bettis J C，Coles J L，Lemmon M L. Corporate policies restricting trading by insiders [J]. Journal of Financial Economics，2000，57（2）：191–220.

[84] Black F. Noise [J]. The Journal of Finance，1986，41（3）：528–543.

[85] Blundell R，Bond S，Devereux M，et al. Investment and Tobin's Q：evidence from company panel data [J]. Journal of Econometrics，1992，51（1/2）：233–257.

[86] Boehme R D，Danielsen B R，Sorescu S M. Short–sale constraints，differences of opinion，and overvaluation [J]. Journal of Financial and Quantitative Analysis，2006，41（2）：455–487.

[87] Bonaimé A A，Öztekin Ö，Warr R S. Capital structure，equity mispricing，and stock repurchases [J]. Journal of Corporate Finance，2014，26：182–200.

[88] Bond P，Edmans A，Goldstein I. The real effects of financial markets [J]. Journal of Finance，2012，67（3）：933–971.

[89] Boone A L，Field L C，Karpoff J M，et al. The determinants of corporate board size and composition：an empirical analysis [J]. Journal of Financial Economics，2007，85（1）：66–101.

[90] Brav A，Graham J R，Harvey C R，et al. Payout policy in the 21st century [J]. Journal of Financial Economics，2005，77（3）：483–527.

[91] Buehler R，Griffin D，Ross M. Exploring the "planning fallacy"：why people underestimate their task completion times [J]. Journal of Personality and Social Psychology，1994，67（3）：366.

[92] Campbell J Y，Shiller R J. Stock prices，earnings，and expected dividends [J]. The Journal of Finance，1988，43（3）：661–676.

[93] Campbell J Y，Shiller R J. Valuation ratios and the long–run stock market outlook：an update [R]. National Bureau of Economic Research，2001.

[94] Campbell J Y. Stock returns and the term structure [J]. Journal of Financial Economics, 1987, 18 (2): 373–399.

[95] Campello M, Graham J R. Do stock prices influence corporate decisions? Evidence from the technology bubble [J]. Journal of Financial Economics, 2013, 107 (1): 89–110.

[96] Carpenter R E, Petersen B C. Capital market imperfections, high–tech investment, and new equity financing [J]. The Economic Journal, 2002, 112 (477): F54–F72.

[97] Carpenter R E, Petersen B C. Is the growth of small firms constrained by internal finance? [J]. Review of Economics and Statistics, 2002, 84 (2): 298–309.

[98] Chirinko R S, Schaller H. Business fixed investment and "bubbles": the Japanese case [J]. American Economic Review, 2001, 91 (3): 663–680.

[99] Clementi G L, Hopenhayn H A. A theory of financing constraints and firm dynamics [J]. The Quarterly Journal of Economics, 2006, 121 (1): 229–265.

[100] Coad A, Segarra A, Teruel M. Innovation and firm growth: does firm age play a role? [J]. Research Policy, 2016, 45 (2): 387–400.

[101] David J M, Hopenhayn H A, Venkateswaran V. Information, misallocation, and aggregate productivity [J].The Quarterly Journal of Economics, 2016, 131 (2): 943–1005.

[102] De Bondt W F M, Thaler R. Does the stock market overreact? [J]. The Journal of Finance, 1985, 40 (3): 793–805.

[103] De Long J B, Shleifer A, Summers L H, et al. Noise trader risk in financial markets [J]. Journal of Political Economy, 1990, 98 (4): 703–738.

[104] Denis D J, Sibilkov V. Financial constraints, investment, and the value of cash holdings [J]. The Review of Financial Studies, 2009, 23 (1): 247–269.

[105] D'mello R, Shroff P K. Equity undervaluation and decisions related to repurchase tender offers: an empirical investigation [J]. The Journal of Finance, 2000, 55 (5): 2399–2424.

[106] Dong M, Hirshleifer D, Richardson S, et al. Does investor misvaluation drive the takeover market? [J]. The Journal of Finance, 2006, 61 (2): 725-762.

[107] Edelen M R, Ince S O, Kadlec B G. Institutional investors and stock return anomalies [J].Journal of Financial Economics, 2016, 119 (3): 472-488.

[108] Edmans A, Fang V W, Lewellen K A. Equity vesting and investment [J]. The Review of Financial Studies, 2017, 30 (7): 2229-2271.

[109] Eisenberg T, Sundgren S, Wells M T. Larger board size and decreasing firm value in small firms [J]. Journal of Financial Economics, 1998, 48 (1): 35-54.

[110] Fama E F. Efficient capital markets: a review of theory and empirical work [J]. The Journal of Finance, 1970, 25 (2): 383-417.

[111] Fama E F, French K R. Common risk factors in the returns on stocks and bonds[J]. Journal of Financial Economics, 1993, 33 (1): 3-56.

[112] Fama E F, French K R. Disappearing dividends: changing firm characteristics or lower propensity to pay? [J]. Journal of Financial Economics, 2001, 60 (1): 3-43.

[113] Fama E F, French K R. Dividend yields and expected stock returns [J]. Journal of Financial Economics, 1988, 22 (1): 3-25.

[114] Fama E F, Jensen M C. Separation of ownership and control [J]. The Journal of Law and Economics, 1983, 26 (2): 301-325.

[115] Fama E F, Schwert G W. Asset returns and inflation [J]. Journal of Financial Economics, 1977, 5 (2): 115-146.

[116] Fischhoff B, Slovic P, Lichtenstein S. Knowing with certainty: the appropriateness of extreme confidence [J]. Journal of Experimental Psychology: Human Perception and Performance, 1977, 3 (4): 552-564.

[117] Fluck Z, Malkiel B G, Quandt R E. The predictability of stock returns: a cross-sectional simulation[J]. Review of Economics and Statistics, 1997, 79(2): 176-183.

[118] French K R. Stock returns and the weekend effect [J]. Journal of Financial

Economics，1980，8（1）：55–69.

[119] Friedman M. The case for flexible exchange rate in essays in positive economics [M]. Chicago：University of Chicago Press，1953.

[120] Gilchrist S，Himmelberg C P，Huberman G. Do stock price bubbles influence corporate investment？[J]. Journal of Monetary Economics，2005，52（4）：805–827.

[121] Gordon R J. Does the “new economy” measure up to the great inventions of the past？[J]. Journal of Economic Perspectives，2000，14（4）：49–74.

[122] Graham J R，Harvey C R. The theory and practice of corporate finance：evidence from the field [J]. Journal of Financial Economics，2001，60（2/3）：187–243.

[123] Grinstein Y，Hribar P. CEO compensation and incentives：evidence from M&A bonuses [J]. Journal of Financial Economics，2004，73（1）：119–143.

[124] Gu M，Kang W，Xu B. Limits of arbitrage and idiosyncratic volatility：evidence from China stock market [J].Journal of Banking & Finance，2018，86（C）：240–258.

[125] Hadlock C J，Pierce J R. New evidence on measuring financial constraints：moving beyond the KZ index [J]. Review of Financial Studies，2010，23（5）：1909–1940.

[126] Harris M，Raviv A. A sequential signalling model of convertible debt call policy[J]. The Journal of Finance，1985，40（5）：1263–1281.

[127] Hennessy C A. Tobin's Q，debt overhang，and investment [J]. The Journal of Finance，2004，59（4）：1717–1742.

[128] Hong H，Wang J，Yu J. Firms as buyers of last resort [J]. Journal of Financial Economics，2008，88（1）：119–145.

[129] Hope O K，Thomas W B. Managerial empire building and firm disclosure [J]. Journal of Accounting Research，2008，46（3）：591–626.

[130] Ikenberry D，Lakonishok J，Vermaelen T. Market underreaction to open market share repurchases [J]. Journal of Financial Economics，1995，39（2/3）：

181–208.

[131] Jang J, Kang J. Probability of price crashes, rational speculative bubbles, and the cross–section of stock returns [J].Journal of Financial Economics, 2019, 132 (1): 222–247.

[132] Jensen M C, Meckling W H. Theory of the firm: managerial behavior, agency costs and ownership structure [J]. Journal of Financial Economics, 1976, 3 (4): 305–360.

[133] Jensen M C. Agency costs of free cash flow, corporate finance, and takeovers [J]. The American Economic Review, 1986, 76 (2): 323–329.

[134] Jorgenson D W, Stiroh K J. Information technology and growth [J]. American Economic Review, 1999, 89 (2): 109–115.

[135] Juan S, Fernando Z. Riding the bubble with convex incentives [J].The Review of Financial Studies, 2019, 32 (4): 1416–1456.

[136] Julio B, Yook Y. Political uncertainty and corporate investment cycles [J]. Journal of Finance, 2012, 67 (1): 45–83.

[137] Jung K, Kim Y C, Stulz R M. Timing, investment opportunities, managerial discretion, and the security issue decision [J]. Journal of Financial Economics, 1996, 42 (2): 159–185.

[138] Kaplan S N, Zingales L. Do investment–cash flow sensitivities provide useful measures of financing constraints? [J]. The Quarterly Journal of Economics, 1997, 112 (1): 169–215.

[139] Keim D B. Size–related anomalies and stock return seasonality: further empirical evidence [J]. Journal of Financial Economics, 1983, 12 (1): 13–32.

[140] Keynes J M. General theory of employment, interest and money [M].Beijing: China Social Sciences Publishing House, 1965.

[141] Keynes J M. The general theory of employment [J]. The Quarterly Journal of Economics, 1937, 51 (2): 209–223.

[142] Kim W S, Sorensen E H. Evidence on the impact of the agency costs of debt

on corporate debt policy [J]. Journal of Financial and Quantitative Analysis, 1986, 21 (2): 131–144.

[143] Kindleberger C P, Aliber R Z. Manias, panics and crashes: a history of financial crises [M]. Hoboken: Wiley, 2000.

[144] Krishnaswami S, Spindt P A, Subramaniam V. Information asymmetry, monitoring, and the placement structure of corporate debt [J]. Journal of Financial Economics, 1999, 51 (3): 407–434.

[145] Kyle A S. Continuous auctions and insider trading [J]. Econometrica, 1985 (6): 1315–1335.

[146] Lamont O, Polk C, Saaá–Requejo J. Financial constraints and stock returns [J]. The Review of Financial Studies, 2001, 14 (2): 529–554.

[147] Leland H E, Toft K B. Optimal capital structure, endogenous bankruptcy, and the term structure of credit spreads [J]. The Journal of Finance, 1996, 51 (3): 987–1019.

[148] Lerner J. Venture capitalists and the decision to go public [J]. Journal of Financial Economics, 1994, 35 (3): 293–316.

[149] Lo A W, MacKinlay A C. Data–snooping biases in tests of financial asset pricing models [J]. The Review of Financial Studies, 1990, 3 (3): 431–467.

[150] Loughran T, Ritter J R, Rydqvist K. Initial public offerings: international insights [J]. Pacific–Basin Finance Journal, 1994, 2 (2/3): 165–199.

[151] Lo W A, MacKinlay C A. A Non–random walk down wall street [M].Princeton: Princeton University Press, 1999.

[152] Malkiel B G. A random walk down Wall Street: including a life–cycle guide to personal investing [M].New York: WW Norton & Company, 1999.

[153] Malmendier U, Tate G. CEO overconfidence and corporate investment [J]. The Journal of Finance, 2005, 60 (6): 2661–2700.

[154] Marsh P. The choice between equity and debt: an empirical study [J]. The Journal of Finance, 1982, 37 (1): 121–144.

[155] Merrow E W, Phillips K, Myers C W. Understanding cost growth and

performance shortfalls in pioneer process plants [M]. Santa Monica: Rand Corporation, 1981.

[156] Merton R C. A simple model of capital market equilibrium with incomplete information [J]. The Journal of Finance, 1987, 42 (3): 483–510.

[157] Miller M H. Leverage [J]. The Journal of Finance, 1991, 46 (2): 479–488.

[158] Morck R, Shleifer A, Vishny R W, et al. The stock market and investment: is the market a sideshow? [J]. Brookings Papers on Economic Activity, 1990 (2): 157–215.

[159] Myers S C, Majluf N S. Corporate financing and investment decisions when firms have information that investors do not have [J]. Journal of Financial Economics, 1984, 13 (2): 187–221.

[160] Nadler A, Jiao P, Johnson J C, et al. The Bull of Wall Street: experimental analysis of testosterone and asset trading [J]. Management Science, 2017, 64 (9): 4032–4051.

[161] Odean T. Do investors trade too much? [J]. American Economic Review, 1999, 89 (5): 1279–1298.

[162] Ofek E, Richardson M. Dotcom mania: the rise and fall of internet stock prices[J]. The Journal of Finance, 2003, 58 (3): 1113–1137.

[163] Pagano M, Panetta F, Zingales L. Why do companies go public? An empirical analysis [J]. The Journal of Finance, 1998, 53 (1): 27–64.

[164] Panageas S. Speculation, overpricing, and investment: theory and empirical evidence [J]. MIT Working Paper, 2003: 12–26.

[165] Polk C, Sapienza P. The stock market and corporate investment: a test of catering theory [J]. The Review of Financial Studies, 2009, 22 (1): 187–217.

[166] Poterba J M, Summers L H. Mean reversion in stock prices: evidence and implications [J]. Journal of Financial Economics, 1988, 22 (1): 27–59.

[167] Rhodes–Kropf M, Robinson D T, Viswanathan S. Valuation waves and merger activity: the empirical evidence [J]. Journal of Financial Economics, 2005,

77 (3): 561–603.

[168] Rhodes–Kropf M, Viswanathan S. Market valuation and merger waves [J]. The Journal of Finance, 2004, 59 (6): 2685–2718.

[169] Richardson S. Over–investment of free cash flow [J]. Review of Accounting Studies, 2006, 11 (2/3): 159–189.

[170] Ritter J R. The long–run performance of initial public offerings [J]. The Journal of Finance, 1991, 46 (1): 3–27.

[171] Roll R. The hubris hypothesis of corporate takeovers [J]. The Journal of Business, 1986, 59 (2): 197–216.

[172] Scott Jr J H. Bankruptcy, secured debt, and optimal capital structure [J]. The Journal of Finance, 1977, 32 (1): 1–19.

[173] Shiller R J, Fischer S, Friedman B M. Stock prices and social dynamics [J]. Brookings Papers on Economic Activity, 1984 (2): 457–510.

[174] Shiller R J. Do stock prices move too much to be justified by subsequent changes in dividends? [J]. American Economic Review, 1980, 71 (3): 421–436.

[175] Shiller R J. Measuring bubble expectations and investor confidence [J]. The Journal of Psychology and Financial Markets, 2000, 1 (1): 49–60.

[176] Shleifer A, Vishny R W. Stock market driven acquisitions [J]. Journal of Financial Economics, 2003, 70 (3): 295–311.

[177] Shleifer A, Vishny R W. The limits of arbitrage [J]. The Journal of Finance, 1997, 52 (1): 35–55.

[178] Shleifer A, Vishny R W. The grabbing hand: government pathologies and their cures [M]. Cambridge: Harvard University Press, 2002.

[179] Smith Jr C W, Watts R L. The investment opportunity set and corporate financing, dividend, and compensation policies [J]. Journal of Financial Economics, 1992, 32 (3): 263–292.

[180] Spiess D K, Affleck–Graves J. The long–run performance of stock returns following debt offerings [J]. Journal of Financial Economics, 1999, 54 (1):

45–73.

[181] Spiess D K, Affleck–Graves J. Underperformance in long–run stock returns following seasoned equity offerings [J]. Journal of Financial Economics, 1995, 38 (3): 243–267.

[182] Stambaugh R F, Yu Y. Mispricing factors [J]. The Review of Financial Studies, 2017, 30 (4): 1270–1315.

[183] Stein J C. Rational capital budgeting in an irrational world [J]. Journal of Business, 1996, 69 (4): 429–455.

[184] Stiglitz J E. The economic role of the state [M].Hoboken: Wiley–Blackwell, 1989.

[185] Thaler R H. Anomalies: the January effect [J]. Journal of Economic Perspectives, 1987, 1 (1): 197–201.

[186] Titman S. Financial markets and investment externalities [J]. The Journal of Finance, 2013, 68 (4): 1307–1329.

[187] Weinstein N D. Unrealistic optimism about future life events [J]. Journal of Personality and Social Psychology, 1980, 39 (5): 806.

[188] Whited T M, Wu G. Financial constraints risk [J]. The Review of Financial Studies, 2006, 19 (2): 531–559.

[189] Zaremba A , Grobelny P. Merger imbalance and returns in international equity markets [J].Social Science Electronic Publishing, 2016, 46 (2): 1–15.